平凡著

文學叢刊之一二一

平凡文集

文史哲出版社印行

國家圖書館出版品預行編目資料

平凡文集 / 平凡（施清澤）著. -- 初版. -- 臺北市：文史哲,民: 90
面 ； 公分. -- (文學叢刊 ; 121)
ISBN 957-549-367-2 (平裝)

848.6 90009967

文學叢刊 ⑫1

平凡文集

著者：平凡（施清澤）
出版者：文史哲出版社
登記證字號：行政院新聞局版臺業字五三三七號
發行人：彭正雄
發行所：文史哲出版社
印刷者：文史哲出版社
臺北市羅斯福路一段七十二巷四號
郵政劃撥帳號：一六一八〇一七五
電話 886-2-23511028・傳真 886-2-23965656

實價新臺幣三二〇元

中華民國九十年九月初版

ISBN 957-549-367-2

平凡文集目錄

散文

論文

小說

悼念平凡

平凡文集

作　　者：平凡（施清澤）
著作權人：洪仁玉
督　印　者：辛墾文藝社（菲律賓）
　　　　　千島詩社
校　對　者：葉來城
　　　　　洪仁玉
封面設計：王瑞瓊
西元二〇〇一年九月十三日初版

1　平凡手跡

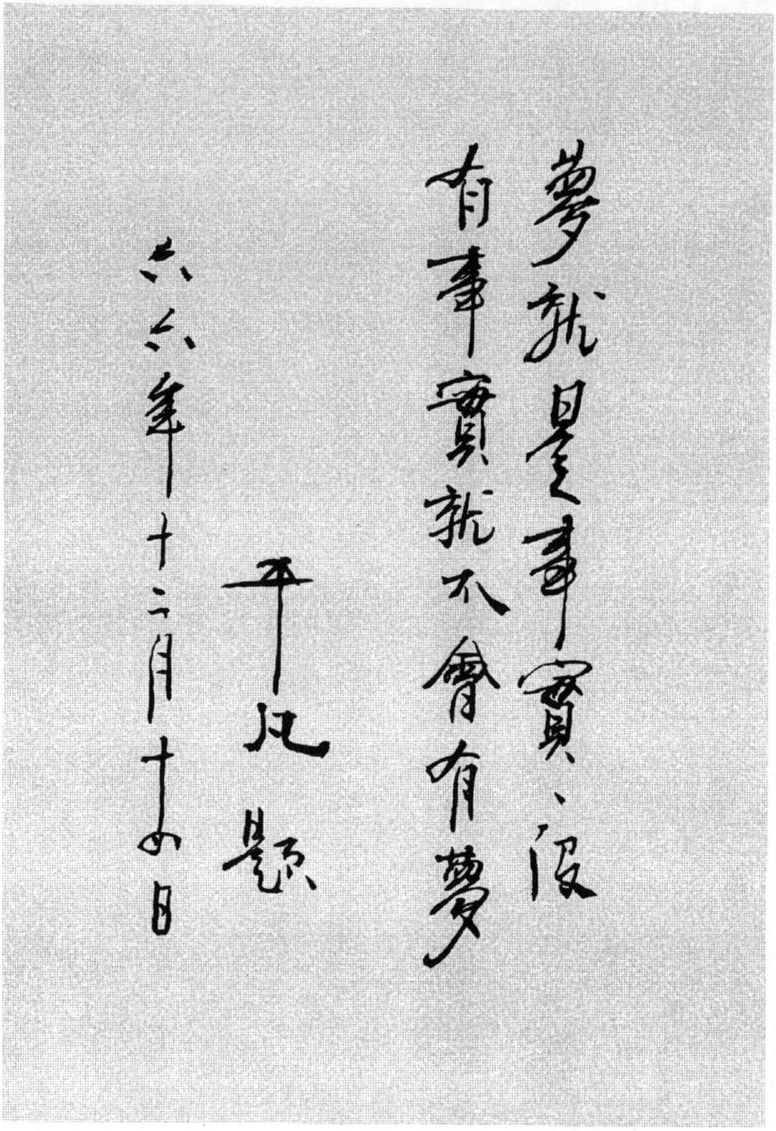
夢就是事實、假
有事實就不會有夢
平凡題
六六年十二月十四日

平凡文集　2

平凡的軌跡中尋找不平凡的驚喜

蕭蕭

蘇軾會被取名為軾或轍，不是由他決定。

就像一根木頭要成為車子的軒或輊，不是木頭所能決定。

一滴雨要降落在哪裡，斜飛或直落，也非雨所能決定。

年少的時候不妨以「子瞻」自許，經歷許多風波風浪風險之後，卻也不過是標示自己：一個住在「東坡」的居士而已。

出生在眉州，沒有人問過東坡的意願；一生漂泊過黃州、惠州、儋州，又有誰問過東坡的意願？

但是，內心養一團火，眼睛開兩扇落地窗，卻是作為東坡的我所下的決心，誰也無法剝奪。

蘇東坡生活中充滿機智，生命裡充滿驚喜，這是連上帝也無法剝奪的。後代的人讀了他的書，生活中也可以充滿機智，生命裡也會充滿驚喜。這也是連上帝都無法剝奪的。

我現在寫的是東坡，但我心中一直縈念的是平凡。

宋朝東坡的一生，用來比擬二十世紀平凡的一生，認識平凡的人會說我這樣的比擬充滿機智，不認識平凡的人閱讀過《平凡文集》，說不定心中也會充滿驚喜。驚喜於：一個平凡的名字，一個不平凡的人生！

心中縈念一個平凡，生命裡走出許多不平凡。

真的要感謝平凡，因為平凡，我們會在平凡的軌跡中發現那麼多不平凡的驚喜，發現蘇東坡的曠達、睿智、風趣、瀟灑……

《平凡文集》中的平凡，是活生生的平凡。

《平凡文集》中的平凡，是我們所熟悉的平凡。

《平凡文集》中的平凡，是我們心中一直縈念而未變的平凡。

他繼續啓發我們曠達、睿智、風趣、瀟灑……

——二〇〇一年五月　寫於台北

平凡與菲華文藝(回憶錄)

幽蘭

赴過黃安瓊社友的新書發行會,於五月間又參加過蘇榮超社友「都市情緣」一書的發行儀式。此時剛由小四社友的小說「上帝的手」及散文「掌中漢字」盛大發行會中走出,心中充滿感恩的喜樂,鬱積在我生命裡的重重遺憾,因看到燦爛的文藝花朵,綻開盛放,而紓解煙散。在人性追尋無窮的貪婪中,卻難免又加了一句:「今日若平凡還在,那該有多好!!」

爲文藝而開拓文藝:是一個熱愛文藝者單純努力的方向,更是畢生不變的追求目標,那份不計回報的眞誠付出,正是永活在我心中的平凡,一面透明的人物寫照,爲眞、善、美的構想,是他不斷追求的一個不休止的符號。

文藝永遠是他的至愛,直到生命的火焰熄滅。由於文藝包容了人生中的攏總:愛、恨、理想、抱負、盼望、喜悅、哀傷。在無涯的文藝領域中,他獲得了至高的滿足。

年青時,他不遺餘力地爲文藝的傳播而奔波。他青春的熱血,沸騰在詩精湛的浪潮中,他年青的活力，在文藝的園地上不歇地犁耕播種。寫作對他產生了不能抑制的吸引力。文藝成了他生活中的軸心。把擁有的珍貴時間，充盛的精力及感情作了全部的投入。

原則是他做人的方針，也是他堅守的立場，爲文藝而創作，則是他在寫作道路上的原則之一。就因蓋於這條原則，他所耕耘的辛墾文藝園地便一直朝著純文藝的方向與立場走。

當他還處在中學時代，即本著一顆對文藝執著的愛好，以眞誠的熱愛向新閩日報借得了每週末發表一次的文藝版位，以辛墾集的版頭，刊登他個人自編、自寫的作品，以不同的筆名，紓發內心中豐富如礦的感情，樂而不倦地埋首在優美的自我創作中，週復週，月復月，慢慢地終於得到了志同道合的文藝愛好者的迴響，相繼投來稿件。在菲華寫作的廣闊原野上，他更鍥而不捨地招募凡對文藝情有獨鍾的青少年男女，不論是在校的學生，或就業的社會青年，都是他關切的寫作夥伴，而按址逐家挨戶地登門要稿：更爲今日多少在文壇上享有盛名的當年夥伴，留下深刻難以遺忘的美好回憶！

經他眞誠的邀請和開誠的歡迎，辛墾集終於逐漸擁有了一群對寫作抱著無限幻想和熱愛的青少年：他們有庭賢、春明、白凌、林榮快、寒松、雲龍、李炳武等。至一九五八年辛墾正式組織成社，社員的陣容拓大，作品素質亦不凡，計有雲谷、藍燈、靜銘、淨雲、秋文、晨夢子、忍冬、海嘯、海雁、李亭、幽蘭、朝陽、蘊蘭、佩芬、和權、秋笛、吳勝利、一匡、陳金山、若迅、凡人、劍虹、浣紗女、施愛月、奕基……等等。處於自我內心的劇烈呼籲：這群青年人眞摯地敞開遼闊的心胸，以容納面對的更多的挑戰，以堅毅的筆，書寫來自智慧的源泉：是以多少感人的散文，詩作得以展現在一個年代的序幕上，不僅爲文藝的路程作出貢獻，更爲菲華文藝的里程碑作了最忠心的見證。

當年辛墾的版圖，有新閩日報的「辛墾集」華僑商報的「採擷集」，大中華日報的「風歌集」，公理報的「市聲集」及大中華日報的詩的園地——「詩葉」，不久又於華僑商報增闢一個「默社」，定期刊登諷刺性的雜文，後來又與「飛雲文藝」聯手出版「辛採集」。

在文藝活動方面，則曾多次分別假中正中學(中正學院前身)課室，及血幹團總部舉行學術講座，講員有王福民、朱一雄、王藍、王生善等著名教授及作家，並與「學林」，當時華社一個很活動的科學團體結成姐妹社。聯合舉行多次科學，哲學及文藝綜合性的學術講座。

至於辛墾社的叢書：有庭賢的詩集，雲谷的詩集：「黑色的回音」，辛墾社的集體詩文選：「辛採集」，以及林濤的散文集：「再生日記」。在那個社員們還完全沒有經濟基礎的年代，辛墾社的叢書成績：可列於輝煌的記錄。

辛墾社的編輯工作，一度由幾位忠堅社友輪流編排，但以一匡社友的任期最長，亦最爲繁重艱辛，他一臂獨挑起辛墾社數個版位的編輯任務，任勞任怨，其對辛墾社的「勞」，無以倫比，其「功」更不是任何的「譽職」可以代爲顯彰的。

與其同時在菲華文藝界活動的諸多組織，有新潮文藝社：成員有雲鶴、劉一氓、明澈等，菲華文藝聯合會(簡稱文聯)：有施穎洲、林忠民、楊美瓊、莊良有、黃珍玲、施約翰、謝馨等，後期改稱菲華文藝協會(簡稱文協)。增加會員有王錦華、月曲了、劉純眞、董君君等。耕園文藝社有會員：王國棟、小華、陳默、林泥水、丁德仁、王錦華、曾幼珠、月曲了、劉純眞等。晨光文藝社：會員施青萍、張燦昭、白雁子、蔡長賢等在這段時期，菲華文藝光景一片燦爛，作家詩人輩出不窮，其鼎盛的狀況，保持到菲國實行軍統政治，報社被迫停刊，文藝的氣脈沉靜消失：這段時期，可劃爲菲華文藝的第一階段。

軍統之後的八十年代初期：文藝復刊，當時辛墾文藝社與耕園文藝社攜手聯編「菲華文壇季刊」，一時傳爲文藝界佳話。於籌備及出刊期間，耕園社長王國棟先生及諸同仁，陳默、林泥水等及辛墾人，經常聚集於中山街一間雅緻的小餐館，有關推展文運商討事宜，聚會中當然不忘舉杯論詩，徹夜通宵忘歸，是因「酒逢知己千杯少」所累。猶記得一次，我陪平凡逛王彬，路經中山小巷，途中平凡被王國棟先生「截走」了！隨後王先生很禮貌地用他豪華的賓士轎車吩咐司機把我送回家！爲了文藝的發揚光大，王國棟先生願意付出代價！

菲華文壇季刊發行四期，即因王國棟先生不幸離世及其他因素而告停刊，唯能告慰的是經這一段的相處，辛墾人及耕園諸仝人，因志趣相投，而成了莫逆之交！不僅在文藝的論壇上，相敬相持。在私人的感情裡，更融洽雋永，彼此間情重義更重。在這段時期，王彬橋邊的「大排檔」經常是他們排遣詩興的營地。後因認爲有諸多美中不足處，和權君便遊說大家合資開設一間小餐廳兼茶室，作爲今後大家聚集的地方，於是：「稻香村」一個充滿詩情畫意底名字的小餐館，冒出在中山街喧鬧的一隅。所幸餐廳裡簡樸粗陋的桌椅，道地的家鄉小菜，讓菲華詩人墨客視爲世外桃源，自此館裡座位上有文人的稿紙，桌上有詩人的推敲，隔著一扉玻璃門，放入眼底的是行色匆匆的人潮排龍陣的車馬！俗云「書中自有黃金屋」的千古佳句：此際方知不是虛幻的假設。「稻香村」：牽繫著多少菲華文藝界人士的思念，雖時經二十多年卻仍然能緊緊地把我們帶到那好遠的一段回憶中……。

憑著詩人作家的一股豪爽之氣，「稻香村」匯集了一群傾心於詩作的詩人，他們創作五四時期的新詩風格：有歌謠式的白話詩，模彷印度詩哲泰戈爾風格的自由詩，有律詩改革的押韻新詩，象徵手法的現代詩，還有散文體的散文詩等詩作，在這個時期，可說是菲華現代詩的黃金時代，在鼎盛的期間，應運組織的詩社：有於一九八四年成立的「河廣詩社」：成員：蔡銘、寒冰、詩雁、張斐然、孤鵬、心簡等及一九八五年年底組成的「千島詩社」。千島詩社幾乎羅集了菲華詩壇上的精英於一堂，其社員有早期「自由詩社」的月曲了，南山鶴、莊垂明等，後有平凡、陳默、高陵、白凌、吳天霽、文志、和權、林泉、王勇、張靈、曾幼珠、佩瓊、幽蘭、王錦華、江一涯、小根、王仲煌、卓培林、浩青、謝馨、一匡、靈隨、劉氓、許露麟等會員，後期又有台灣名詩人加入陣容：如張香華、林耀德、羅青、蕭蕭等，陣容之盛，可說在菲華文藝史上前所未有，亦可說是最具有代表性及對現代詩運擁有推動力的詩社。

千島詩社初期不設社長，僅安排一位財政，三位編輯：以聯繫整個社的經脈，後因於一九八五年第二屆亞洲華文作家協會在岷市舉行，鑒於會務所需，即推平凡爲社長，月曲了爲副社長，林泥水及江一涯爲秘書長，財政白凌擔任，主編則由文志擔任，職位及會務的分配平均建全，是以在該次會議之後，千島詩社隨即舉行一場現代詩講座，邀請飲譽國際的韓國詩人許世旭博士主講，其後且連續舉行了不少推展詩運的活動。一九八七年曾配合「王國棟文藝基金會」、「辛墾文藝社」、「耕園文藝社」，創辦「菲華現代詩研討會」，邀請台北詩人團：洛夫夫婦、白萩夫婦、向明夫婦、張默夫婦、辛鬱夫婦、張香華、蕭蕭、管管、許露麟、連寶猜等為會中貴賓及講員。分別假中正學院大禮堂，菲華商聯總會大禮堂，菲華文教服務中心：舉行數場文藝講演，為近代菲華文壇，寫下一頁不能磨滅的「文運推動史記」。

於幾近半個世紀(自一九五十年代中期到一九九六年末期)，平凡經歷過菲華文藝每一個階段的起伏興衰。然無論是處於鼎盛，低落或寂靜的期間，待人處事他始終堅毅不渝地保持著對文藝著作的熱愛。坦誠熱心、謹愼認眞是他的一貫態度。在他有生之年，覽閱古今中外書籍，不僅所及的範圍廣泛，且曾作精細研析，從中吸收文學養份，使得他的作品，承受得起時間的考驗及印證。

菲華文壇如一道掛在空際的彩虹，在它繽紛璀璨的色彩中，有平凡揮過的一筆顏彩閃耀其間。此時他雖已息筆凡間，然借著此書的面世，闡釋他文藝的生命與菲華文壇的史記有不可分割的關連。

寫於二〇〇〇年九月十三日下午五時

散文

我

我就是「自己」、「自我」，也就是「小我」。「小我」若自私與主觀，是大於「大我」的。

我的大名很多，比較有威懾性者如：朕，這亦是「小我」大於「大我」之典型。比較粗獷者如：本帥、本爺、老子、俺、本座、老娘、姑奶奶等等。較謙虛者則有：弟、不才、在下、鄙人、小可、小生、敝……等。不過最坦白及實際的名字還是「我」。

別人對我的尊稱更多，古時候，頗令我滿意的如：陛下、教主、大師、幫主等。現代化的則有：總統、教宗、總司令、教父、主席、總理等等。其他稱呼如：英雄、專家、天才、權威、泰斗、大文豪、活佛、閣下、貴賓等亦會令我高興，然我最常得到的稱呼卻是：先生、女士、小姐。我想，對我最不禮貌的直呼就是「你」。

我的名字已嫌太多，不過聽說，有人尚在致力發明更新的銜頭，以便來取悅於「我」。

笛卡兒(Descartes)說：「我思故我在」，(Berkeley)更通過邏輯的推論，指出人體感官之不可靠，證明人類因而無從得知物質世界之實際情形，進而歸納出外界之事物都只不過是幻覺，如果我的頭腦停止想思之，彼等亦似夢幻均假。以另外一個角度來說：世界乃依靠我的想像而存在的。

我不想這麼大口氣，且太主觀地，把我誇大到這個程度，至少我希望閱讀我作品的讀者，特別是那些讀後誇讚我的，都非只是我的幻想，而是眞正的實物，甚至那些讀後貶我的，我同樣希望他們在這世界也有一席之地，他們是最關心我的忠誠讀者，惟有那些從來不閱讀我的作品的人，他們是否有確實的存在，或者只不過是夢幻，反正他們從來不注意我，我也不注意他們就是了。

莊子主張「無我」，事實上他是最愛惜「自我」的人，「無我」即「有我」，雖有個「無」字，然仍死抱著個「我」字不放，其作品證明莊子的一生就與這個「我」結了不解緣。

我以爲舉凡自由魂，都應該主張「有我」，馬克斯可能偷讀過中國的「無我篇」而發明無產主義，無產就是無我，只有國家，沒有個人，資本主義就是「有我」，目下他們正大事宣揚尊重人權，人權就是個人的權利，就是尊重這個名叫「本大人」的我的重要性，保障我的財產、自由、尊重我的我行我素……總之，一切爲我，政府爲我，世界爲我，若這些都成事實，我應該是沒有理由反對的。

在任何團體之中，如果我不是坐第一把交椅，如理事長、會長等等，至少也應給我一個比較受用的銜頭，反正多製造幾個銜頭並不困難，爲什麼一定要跟我作對，硬要安我做會員，會員的我，當然遵章交會費，但是記住，如果欲敲詐我一筆樂捐，免想！至多大家都不受用就是了，在任何團體中，越權被認爲是一種過失，我認爲，「越錢」也未嘗不是過失，我就是那位同時推翻「助人爲快樂之本」，以及「以德報怨」這二條定律的人。

有些人每愛寫文章捧人，我以爲這是一種很冒險的作爲，人的判斷力容易犯錯，若被捧者之實際才能比較其所寫的好，第一名被寫成第十名、博士被寫成學士，那麼被捧者之心中一定會不高興，因這樣不正等於在貶他嗎！另一方面，如果被捧者之才能遠比他文中所標榜者爲低，撇開自大狂者不談，凡有幾分自知之明的人，一定會老羞成怒，覺察到作者是在諷刺，或者在幽默他，有修養的人士都明瞭諷刺比正式指摘所造成的傷害更深。

有時寫文章罵人之危險性反而相對的減少，個人的經驗，如果罵人之技術高明的話、言辭得體，搔在癢處，說不定，被罵者竟與罵人者同樣有一種痛快之感！

於集中了我所有的腦細胞來表決後，我認爲還是寫文章捧自己最穩當、最合理，也最過癮，我對自己胸中有幾點墨，有誰比我更清楚？夜深時，不是常恨自己懷才不得賞識嗎？每於酒後方敢挺身爲自己說幾句話，坦白且大方地在自己的作品中爲自己作點宣傳是應該的，我不講，世界上的人怎能得知，我的功勞、我的偉大。單靠別人爲我寫、無論如何是不能詳盡的，我豈不是得成爲無名英雄了，也許我在這世界就只活這麼一次，我必須讓歷史記載我的存在。

人們公認謙虛爲美德，驕傲爲壞德，因謂：滿招損，謙受益，但我實實在在的告訴你；謙虛乃是虛僞，自滿是一種坦白，亦是人性。只是世人有一種風俗：就是我若肯定自己，他們一定不高興，必定群起而加以否定，讓他們來肯定我，因爲他們恆以爲「自己」的判斷最正確。

廣告自己的文章功效雖大，但也有二個副作用；一、氣量小的人看了一定忌妒，群起攻擊，但這樣有時竟變成爲我免費宣傳，反正只要出名，惡名總比無名好！二、捧自己的文章，偶一爲之，也許恰到好處，君不見世界名人都有自傳，不過大都只寫一本，因這種文章一旦寫得太多，尤其是寫得太好，自己讀了定是每讀必醉，飲酒而醉乃屬正常現象，不飲而醉是為病，屢為之，於心理之健康實有影響，不可不愼！

後記：這篇文字的主題是「我」，談的是「我」的通性，倘若文中的「我」變成「你」，甚至傷了「你」的「自我」（ＥＧＯ），如果不是你太敏感，就是文離主題，太多敗筆，或者生爲俗人，「你」「我」有同樣的缺點吧！

奴隸根性

聽說奴隸的時代已經過去了，我認爲，這種把人類轉變成牲畜階級的制度，還一直存在於我們日常生活的社會之中，古代的奴隸是被迫的、是表面的，只限於肉體或形式上的，現代的奴隸是自願的、內在的、心理的，奴隸的精神存在於多數落後民族的潛意識之中，是爲奴隸根性。於國際公法以及人權運動尚未流行的古代，人類野蠻的祖先，理直氣壯地把戰虜，變成當然的奴隸，這些奴隸是被迫的，他們往往不畏弓箭、刀槍，勇敢地反抗，足以證明他們一直不曾忘卻，自身原是人類，而不是有主人的動物。

近代的殖民主義實乃變相的奴隸制度，人類對於其同類之不人道的侵害之技術，不但更爲進步，而且規模也更大，在槍炮之下，整個國家民族被變成奴隸，當時世界上已有很多文明的國家，怎會從來不曾有一國站出來，主持公道，我們有充份的理由可以肯定，對於「強權就是公理」這句名言，人類口頭上雖一致反對，心中卻一直默認。

現代的奴隸根性可能是遺傳的，大概凡祖先之中，有被征服者統治久了，習慣了奴隸生活，這奴隸性格之遺傳因子，就出現於其後代之性格中，奴隸的血液流在其血管之中，不少人還很以擁有奴隸血統，而引以為榮，最具代表性的舉例說明就是：貪污的公務員，對上級，如對主人，努力逢迎，對守法公民則擺足官架，作威作福，恐嚇以至迫害，公務員乃公僕，他們的薪水，實由公民們所納稅而來，如果公務員有奴隸根性，我們若尊稱之為「惡奴」，非但不為過份，同時十分名符其實，雖然從表面的因素而言，太低的國民平均收入，生活水平，都直接造成公務員之貪污，不過如從另一個角度，如內在之質素方面來觀察，成功與清廉的政府，絕對是由沒有奴隸根性的民族來組成的。

我不否認西方的人種，實際上，一般是較東方高大的，不過東方有些落後國家，或美其名為發展中的國家的少數（希望只是少數）官員，只為洋人曾經是他祖先的統治者或稱侵略者，洋人每得享「特級服務」，然而當他的對象跟他有同樣的膚色時，他的威嚴隨時脹大了數倍，一副鐵面無私的表情，其實他正在，挖盡心思，一定得找出一點「芝麻大事」來為難你，經常出國旅遊的人仕，當會偶而身受或目睹，「有些」抑或「少數」海關或移民局人員，專向「自己人」下馬威，甚至勒索，一旦見到洋人，他們立刻清廉且有禮貌起來了，我絕對不反對公務員對西方人清廉及有禮貌，雖然白種人對於有色的人種，一直加諸種族歧視，我還是無意煽動東方人採取報復的態度，林肯說：「因為我不願成為奴隸，所以我不欲成為主人。」我以為，凡心理正常的人類，理應互相尊重，我希望公務員或關卡人員，對於所有的人類，他們都能一視同仁，厚相禮待。

我說現代的奴隸是自願的，證據是充分的：當日本侵略中國，中華民族面臨亡國，成為奴隸人民的危險時刻，中國人於抗日戰爭之犧牲是慘重的，同胞被慘無人道的屠殺、污辱，可謂國仇家恨，偏偏中國近代史上就記載著：當時有些中國人，把侵略者捧爲主人，這些人自甘淪落爲奴隸，幫助敵人迫害同胞，千萬不要以爲這般人是信仰「以德報怨」，或者「愛你的敵人」，這類的教條的人，對於這類奴隸根性的漢人，史書上稱之爲「漢奸」。

奴隸根性乃人格問題，跟教育程度，貧富，社會階級無關，大漢奸多是受過高深教育，未成「漢奸」之前的經濟狀況以及社會階級亦頗高，漢奸得勢之勢，可稱「億人之上，主人之下。」

奴隸的一般通性：自己不能有主見，必得以主人之是爲是；就以漢堡飽一事爲例，中國之烹調術乃舉世聞名，中國菜餚，及食譜，凡食客之頭腦中幻想得到的，中國廚師就能做到色、香、味三樣俱佳的火候，中國的烹調術既然這麼先進，不過中國烹調專家只獨獨不懂得怎麼做好吃的漢堡飽，何以爲證呢？我們大規模進口著製造漢堡飽的技術以及商標，如果此風一長，那麼將來中國點心，甚至清蒸海鮮，也得加上西洋商標才會叫市了。

於日本貨尚未吃香的年代，某先生買了一架美國名牌的電視機，機上分明印著美國某大電子公司之商標，最重要的是商標之下方以金字書印著MADE IN USA，兩年之後，該電視機發生故障，技師於修理時，才發現裡邊的零件幾乎全部是日本產品，甚至整架電視機亦是在日本加工的，當時日本商標之同等級的電視機，只有美國商標所售價之一半，因奴隸根性而被騙的史實，就是這麼簡單。

盲目地信仰名牌，名牌的衣服、鞋子、手錶、打火機、皮夾、筆等等，只要製造了一種風尚與時髦，天下有奴隸根性者的血汗錢，就可輕易地被騙上手。

模仿主人的外表，也是奴隸根性的特徵之一：學習西方的科學方法以及工業技術乃當前急務，然而我們必須頭腦清醒，我們所需要的營養，只是兩公斤的牛肉，我們沒有理由把整條牛買了回來，事實證明，許多有奴隸根性的東方人，以講英語爲榮，他們把頭髮染成褐色了，把單眼皮割成雙眼皮，只差沒有把眼睛染成藍色、皮膚漂成白色。

中國現代詩壇，某一派的宣言主張：「新詩是橫的移植」，亦屬把整條牛買回來的奢侈作風。

迷信正是奴隸根性的形諸於外的表現：天空的飛鳥，林中的野獸，海中的魚類，宇宙中的一切生物。包括人類在內，一生下來都是自由的，不過在人類之中，一些有奴隸根性的，一定得憑空創造一個遙控自己的主人，姑不問祂是太陽也好，河流也好，甚至過不了江的泥菩薩也好，否決了人類一切的尊嚴，來向之跪拜，求其指定自己生命的方向，甚至一舉一動。

一九八六年六月廿九日馬尼拉辛墾社

作家應比鸚鵡進步

如果原則是生命的帆，創作就是藝術的帆，帆是向上撒的網，網著了方向。

（節錄平凡詩作——帆）

爲了教鳥兒說人話，多年來，主人在鸚鵡的眼中，一直是一餅破唱片，這鳥被他嚕嗦得夠累了，只得勉強學了幾句：「歡迎光臨」、「哈囉」、「有空常來」，每次家中來了貴客，這鳥不是說「哈囉」就是說「歡迎光臨」，主人爲了家中有這麼一隻能發表人語的鳥而神氣十足，事實上，這鸚鵡是存心在消遣人類，牠說了一些什麼東西，牠自己也莫名其妙，這點如果有人不信服，我絕對敢跟他打賭。萬一有盜匪光顧這家，這畜牲一定也照樣跟他們打招呼：「哈囉」、「歡迎光臨」，盜匪大爺們臨走之際，牠還叫他們「有空常來」哩！那個被反縛著雙手，被制伏在地上的主人，若不是瞭解鸚鵡所說的全是「鳥話」，這多嘴的鳥必定隨時變成「四物燉鸚鵡」了，鸚鵡就像一架舊式的錄音機，只能重複熟悉的句子，絕不能創造新句子，這就姑且爲「鳥話」定義。

大多數的人類都有一種錯誤的觀念，他們一致認爲博覽群書，熟唸了五車的古今文學巨著，就一定寫得出好的文學作品來，我以爲讀太多書而不能消化，比較少讀書而能吸收，前者更加營養不良，試舉一病例說明：有一種「滿腹成語，食古不化」的人，這種人寫文章的風格是四、五或七字一句的，他們把成語陳套語，前人的句，五言、七絕詩句填充成文，你能說這種文章壞嗎？文中全是屬於不同作者的 成名絕句，只有筆名是原作，這種作品是爲「鳥話作品」，假如作者少讀一點書，不認識這麼多的成語、古句，他就只得寫出人話來了，人話就是眞正屬於他自己的東西，以我的手，寫我的心，用日常的口語來寫，要算最現代化了，我們爲何必須讓自己的思想成爲前人之文句中的寄生虫。

還有一種作風更大膽的寫作風格，比較常出現於論文，某次讀到一篇大約五千字的論文，題目是試論ＸＸＸＸ。其中五分之四乃引用數本書籍之文字，剩下五分之一，蔥菜胡椒、成語陳套語等等，若不細心加以分析、解剖，眞會被「論文」兩字的氣勢壓倒了。報刊上如果常讓這種「鳥話作品」登台，浪費版位事小，只怕讀者先生們都要認眞以爲「天下文章一大抄」了。

如果原則是生命的帆，創作就是藝術的帆，帆是向上撒的網，網著了方向，文學作品的方向就是創作，立論要有創見，行文要有新意，寫詩更必須要有突破，意象一定要新，我們是生活在現時代的人，最起碼也應該寫一些代表現代的文學作品，古人的作品已足以代表他們自己了（不也許是輝煌的，但現在他們已不能再進步了，我們必須不停進步，古人對於毛筆的速度已很感滿意，我們卻以爲電腦打字機的速度還應該改進。

小費

小費的定義極簡單，就是對於服務人員的一種獎賞與鼓勵，不過如乾脆不給小費當然更加簡單。

小費的含義實指極小量的獎賞，在餐館裡，一般習慣把埋單時找得之零錢賞給侍者，例如我的好友陳君跟女友上館子，埋單之際的實情如下：他倆的晚餐共計四塊九毛，陳君於是給了五塊，湊巧只找一毛錢，陳君習慣地把之賞給侍者，當他跟她雙雙站起，正欲走出之際，那位可能訓練過的女侍卻在後面唱著：「小費一毛！」陳君於羞怒之下，索性回頭把那一毛錢也「沒收」了，不料那女侍隨即又唱著：「又拿去了」。

據陳君口供，這是他於一九八六年五月在台北市厚顏首創的壯舉，昨天我不幸購得於一九七五年出版的民間笑話，其中竟也有一則「一模一樣的笑話」，情節完全一樣，就是主角不姓陳，而且作者還於序言及後記之中供出書中笑話乃抄襲自英國一九六五年再版的某一本幽默故事集，我不得不承認，陳君之幽默感，與古人一樣小氣。

不給小費的食客就簡直是揚朱，給一毛小費而利天下，不爲也，跟吾友陳君一樣，以羞怒爲藉口，連一毛錢的小費也收回了，下一次他再光臨同一間餐館是十分危險的，第一，MISTER侍者一定不會笑容可掬的爲他打開大門。第二，他自己打開大門後，侍者一定不會提醒他，地板剛打過蠟，小心滑倒了。（他們巴不得他就地滑死算了，反正他活著對於天下人不利）。第三，萬一他暫時沒有滑死，那麼他的菜餚裡面很可能有「加料」。所謂加料大至蟑螂，中至蒼蠅，小至蚊子，細菌等等，不過凡受過科學教育的侍者，都不再應用上述這些「退時」的武器了，爲的是捕捉困難，工作多，效果差，不幸「對頭食客」是律師或者軍官，反而以之爲藉口，不付賬，大食霸王餐云云，新近講文明以及衛生之侍者只簡便的在紅燒或清蒸石斑裡面吐口涎，或者在魚翅湯裡面泡上十CC的尿，也許你會嫌鹹了一點，不過侍者還是親眼看到你把之吃下了。當侍者目睹你把整桌的菜全吃光了，那就是你生命中最可憐的一刻。

當你看到餐館的牆壁上貼著「不加小費」(NO SERVICE CHARGE)的告示，凡有「教養」的食客應立刻意會到這是「明文規定」：你千萬不可忘了給小費。

當你走進的餐館之牆壁上沒有貼著「不加小費」的告示，食客們也不須慶幸得太早，以爲此次可逃過「暗示小費」之災，埋單之際，你立時可領會到足以令你「心停」的後面好戲，加在賬單上的是十%的服務費，外加其他「苛捐雜稅」，這那裡是小費，就跟被搶劫一樣，絕不容你當場喊一聲救命。

反之，如果你試驗把你給侍者的小費變成「大費」，而且大得令侍者「心臟急劇跳動不已」的程度，那麼你隨時就會體會到侍者的服務精神與態度竟能在極短時間裡，提升到最高的效率與水平，三、四個侍從圍繞你，提供你每一個最小的需要，你才拿出香煙，未咬上口，打火機已在一邊侍候，總之，就連一隻困擾你的，小小的蒼蠅，這隊侍者也不會讓它飛近你。

有一陣，我常到某餐館用餐，每一次我都送了侍者二十塊錢的小費，只連續送了三回，第四回埋單時，那位已連續三次受寵若驚的侍者咬著我的耳根子說：「先生，有二百塊的食物，我沒加在你賬中，謝謝你的厚賞！」看不出這位先生是慷他人之慨的專門人才，同時也是東方人貪污根性的代表作。

小費本來應該是出於自願的、樂意的，然而本人的親身經歷，因小費而被勒索，甚至搶劫過，我的日記裡就以大楷，明文記載著：八月八日八時八分，本爺到第八條街之八八八餐館吃飯，埋單之際，那位身高八尺，名叫「大隻佬」的侍者把找得的八塊錢以長方形的小費盤子端到我面前，放在桌上，我正伸手入口袋中，打算拿出一塊錢把那盤中之八塊錢「掉包」，不料說時遲，那時快，那廝竟比我先一步連盤帶那八塊錢都拿走了，口中連聲唱著：「多謝，多謝，多謝！恭喜發財，八八八（發發發）」，幸虧我應變也快，隨時擺出一副一廂情願的表情應道：「小意思，小意思，不用謝！」我將來年老，若得到心痛病，大半乃因這事積鬱而致。

小費乃服務態度之推動力，但有時爲了小費，服務生的「蒼蠅精神」委實令人討厭，例如某次我到某國旅行，於旅館之服務台登記完畢，服務生替我領了鎖匙，推著行李，領我到房間，把行李放好，我於是很有禮貌的向他說：「謝謝你。」不料這位先生竟一直站在我面前，對著我傻笑，我想，這位先生的服務態度足好，放好行李，還一直站在一邊等候房客是不是有其他吩咐，於是我感激地對他說：「謝謝你，需要你的時候我會再叫你的」，奇怪，這位先生還是釘在房中不走，我頓悟這位先生是在「硬討」小費，糟糕！我攜帶的美金都還沒有兌換，口袋中只剩下十塊錢的新台幣，在沒有辦法之下，我擺出一面求情或乞憐之表情，把那十塊台幣塞入這位老兄之手中，同時辛苦地不停向他鞠躬了差不多三分鐘，不料這位先生只認識現款，不欣賞禮節，他蠻有骨氣地把那十塊錢塞回我手中，滿面充滿人格地向我說：「十塊錢嗎，我還不稀罕，你就一並省下吃點心吧！」我慌忙努力地向他解釋，並且向他發誓，除了未兌換的美金之外，這十塊錢實是我目前所有的財產了，他突然很有禮貌地提醒我：「沒有台幣，美元也可以呀！」真是不幸中之大幸，令我找到一張十塊錢的美元，於是急急將之向這仁兄之袋中猛塞，才算及時挽回了一場外交史上的僵局，這位服務生領過賞，很有禮貌的地說聲謝謝，先生往後有啥需要，儘管差使，如果需要台幣，樓下櫃台就有得換，先生千萬不要客氣！

有一日，我到了一個絕對不准服務生收小費的國家，一腳踏下飛機，心中就一直寬慰著，這一回可以名正言順地不給小費了，下面就是全場的劇照：「上半場」我在旅館大門口下車，剛好沒有服務生在門口，我滿頭大汗地用苦功把行李又扛又拖地弄到旅館的櫃台前，（這是我有旅行史以來，第一次這麼辛苦過）。「下半場」：我在櫃台登記完畢，領了鎖匙，等了半天，不見一個服務生走近，（服務生們是站在一邊的，只是我看他，他也看我，我向他招手，他及時昂頭欣賞著大廳的吊燈。）這種冷戰非我所專長，只好「看破塵情」，「拖老命」扛起行李上樓，這就是「不收小費」的下半場，簡稱不給小費的「下場」。

我終於歸納出小費之最終極的定義：寧可讓錢死，不可讓人死！

觀球賽後遺症

籃球賽，是十個人高馬大的壯漢，爲了一顆小小的橡皮球，爭得你死我活的玩意，在某一場籃球賽中，有一位矇查查球員，於慌忙中把球投入己方的籃中，爲對方添了兩分，對方非但不領情，還喝倒彩，同時還被同隊隊員罵得焦頭爛額，這球員認眞的忙亂得很幽默，無意中把這場球賽弄得分外精彩，其實，勝敗乃球家常事，誠不足輕重，幽默事，卻是難得一回，該場球賽，誰勝誰敗至今已模糊於記憶之檔案中，但這投錯籃之趣事，至今猶爲人傳述不已。

籃球賽不是一種商業活動，但竟也離開不了供應及需求之經濟定律(Law of Supply and Demand)，一場球賽中，就爲少了九顆球，十個球員之中，只得一人有球在手，大家因而只得你爭我奪，一場球賽就這樣被搞得十分精彩，試想，假設再賜與場中九顆橡皮球，每個球員各有一球，各人玩自己的球，沒有爭奪，沒有毆鬥犯規，這種球賽有啥看頭？

通常一場精彩的球賽，必須雙方實力相當，才能產生高潮起落，好比一篇有轉折，結構好的小說，非讀到最後一頁，決猜不出結局，一場球賽如果一面倒，不如趁早上床睡他一個大頭覺，當會節省不少精力及氣苦，球是圓的，理當有時讓你得意，有時也讓高興輪流給我，如是，世界才會太平。

這次第十一屆亞洲運動會，在北京舉行，爲了犬子中意看籃球賽，乖巧順服的父親大人只得隨風入俗地，也跟全家圍坐在電視機前一起看籃球賽。

第一場籃球賽之結果，菲律賓勝巴基斯坦，我們合家皆大歡喜，不在話下。

第二場籃球賽之結果，菲律賓勝日本，我們合家甚爲此驕傲，你看，連侵略專家的日本人也被我們打垮了。

第三場，菲律賓又勝北韓，試想，連整天吃高麗參的韓國佬也不是我菲律賓隊的對手，整天喝啤酒，吃芒果，玩起球來可是一點也不馬虎：

第四場，菲律賓對中華人民共和國，我們這個家卻起了內鬨，兒子的立場是很堅定的：幫菲律賓隊到底，內子是土生土養的華僑，這趟政治她不理，一方面爲的是，菲律賓隊的隊員，過去倒是經常在電視中見到，見面三分情，況且孩子們都全力擁護菲隊，另一方面卻又受過中國教育，五千年的古法洗腦，況且嫁雞隨雞，因而她兩國都幫，最好兩國不比賽籃球單比賽喝酒，抑或比賽是可以比賽，只是最後兩隊都贏，大家和氣融融，永遠友好如兄弟，她的立場倒是圓得像球一樣。

一想到我的立場，身爲華僑，在菲律賓長大，受教育，一向頗欣賞菲律賓的文化，並熔身入菲國民俗，菲律賓已成爲我的故鄉，嚴肅的想一想，我的立場，當中華人民共和國對中華民國，當菲律賓共和國對中華人民共和國，當菲律賓共和國對中華民國，我什麼時候鼓掌？我爲誰喝采？

我一直以爲華僑是一群候鳥，每當氣候寒冷了，環境有危機了，今天飛往澳洲，明天移民加拿大，那天再飛美國，不停的追尋氣候溫暖，安全的國度，最可憐的現實是，華僑永有一顆戰戰兢兢的心，就算出賣了祖宗，入了別國國籍，人家還是把他當第二等公民對待，其實如把華僑比爲兩棲動物更加妥當：華僑不就是青蛙，青蛙源自水中，也許有時牠會這樣自我安慰，水是比陸地大的國度，也許靠這一點小小的優越感，來打發那離鄉背井的孤寂，當蝌蚪變成了青蛙，尾巴一斷，水就已經不是牠的家鄉，牠自比是屬於陸地的了，然而，陸地上的生物，包括我在內，久久尚不能接受牠，水中的生物認爲青蛙是屬於陸地的，陸地的生物認爲青蛙是屬於水的族類，青蛙要經過幾代的生物進化過程才能夠不再兩棲？華僑要經過幾代的同化過程，才能夠把根深入自己站立的土地？

去日樂多

中正第十九屆同學舉行了多次的盛會，每一次的場面都相當隆重，節目亦異常精彩，不落俗套，可謂十分成功，譽之濟濟多士，不爲過矣！

嘗聞：「士別三日，刮目相看」，那麼士別三十年，三十乘以三百六十五日等於一萬九百五十日，難怪好多位同學都戴著老花眼鏡來相見，豈眞的「認」了？千萬別忘了當年吾輩皆是力拔山兮氣蓋世！

那位高三下坐在我右邊的標緻女同學，她的單眼皮是割成雙眼皮了，然而她對於我還是一樣不「另眼」相看，倒是我看到她的後面，非但帶來了一個老兵，而且還領了三四個紅衛兵，我腦海中只能胡亂想起這二句：「轉眼已成商人婦」，「莫待無花空折枝」，其他的詩句，記得於畢業之後通通都退還給老師了。

三十年了，我原預測定將看到很多大腹便便的女同學，想不到現代竟盛行男人「懷孕」，套一句老話叫「聚財」，「成孕」之主因乃是多坐冷氣辦公室，多乘冷氣轎車，多飲XO白蘭地，少步行，總之，這反正是經濟發達所引起之生理發達之現象，是爲「福相」，我一向喜歡看到同學發達，如今目睹儕輩個個身前都大有「積蓄」，私心竊慰！

我們有充分的理由可以批評正規教育沒有做到發掘天才的職責，事實證明多少一直被埋沒的天才，現在都在卡拉ＯＫ歌廳被發掘出來了，根據內幕的消息：唱得夠水準的還大多是中正的同學，他們不單練就一身的「歌膽」，同時也有好的「歌喉」，而且節拍準確，不會發生「歌追音樂」或者「音樂追歌」，甚至歌與音樂各行己路的慘劇，每次聽到他們的歌聲，我都懷疑，這些老同學是不是入錯了行？他們都應該是歌星而不是大企業家，他們這種免費獻唱的習慣如不改變，則我預料，最近許多職業歌星都要失業了。

高中畢業時，一般同學還操著「閩南國語」，三十年後，很驚奇的發現有多位同學的國語不但發音標準，而且「用辭深入，語帶雙關」，當我問及他們畢業後再到什麼學校進修時，他們偷眼把太太一瞄，確定她已走開了，方附耳回答我：「美麗宮大學」、「綠園大學」、「……大學」，活了這麼一把年歲，還每夜上大學，硬是童心未泯，好學不輟，不過話得說回來，走江湖、跑碼頭，任你什麼樣的大風浪，大難關也經過了，目前趁著尚吃得下、走得動，不花是白不花，這的確也是很現實的人生哲學，我不禁想起曹孟德的詩：「對酒當歌，人生幾何。譬如朝露，去日苦多。」曹操英雄蓋世，尚且如是感慨，我舉杯，跟他們的杯子各碰了一下說：「先乾了這杯為要，不要蹧蹋了好酒。」

我的思想在時空之激流中浮游著，記憶的快艇停泊在三十年遠的時間之岸邊，三十年前的一個早上：

國文老師正在講解三國，當他講到「明修棧道，暗渡陳倉」之際，在座幾位「搗蛋鬼」的糧食也已經順利地偷運進來了，同學之間有的訂花生、有的訂汽水，也有訂購蜜餞的，錢是預付的，那個「跑單幫」的收足了錢，把手高舉過頭，口中一直喊著：「老師，我要到廁所去！」看他一面痛苦，同時猴急難忍的表情，我想，這小子有這等天才，大可直截了當地進入影圈，必定大紅大紫，何必留在這裡唸這些又長又臭的鳥書，不料這塊寶料日後雖沒有去當明星，卻在進口方面賺了大錢，難怪自小他在偷運方面就已有特長。

據統計當時於上課時間內偷吃以及閱讀武俠小說者，約佔全班人數四分之三，其餘四分之一忙於跟女同學談戀愛，理應罪加一等，子曰：「男女　授受不親」。

母親從十六歲到現在，一直保持爲一位虔誠的基督徒，任何一種宗教，都反對信仰自由，他們都積極或者消極地指定你只能信仰他們的教條，十誡中之第一誡明文規定：「除了我以外，沒有別的神。」佛教也自稱爲「不二法門」，母親遵行上帝的旨意，我自小就被註定得在教會學校受教育，小學畢業後，翅膀豐了，開始不願依母親所劃好的方格子走了，我向母親透露我欲轉到中正讀中學，母親自然極力反對，讓自己的兒子轉入非基督教之學校，這簡直是在造反，欲推翻帝制，然而我胸懷之中的慾望一天比一天的強壯，長大，眼見宗教這麼一條又舊又窄的繩子怎能約束得了，初一上在教會學校再呆了一期，最後革命成功，終於初一下轉入中正中學，成爲了丁組的插班生。

第二學期在這新地盤，我就結識了六個拜把兄弟，大家飲過血，發了誓，這一套完全根據三國演義中劉、關、張之桃園結義。大家矢志雖不同年同月同日生，但願同年同月同日死。其至立誓今後有福同享，有難同當，記得當時施清膽在我們七個中最老，是爲老大，十九屆上屆理事長蔡玉平是老二、楊仁義是老三，我一直記得自己最年青，因何會是老四，如非他們搞錯就是他們欺我年幼佔我便宜，大家從此稱兄道弟，那時適值課本上有「戰國七雄」一篇，同學們就都稱我們爲「七雄」，不知道他們是在奉承或是在諷刺，總之，見怪不怪，其怪自敗，雖然吾輩從來未曾打算欲幹打家劫舍的勾當，但大家卻都認眞地下了苦工在練武，老大在「鳴謙國術社」苦練多年，後來又轉入「中貞國術社」爲助教，他有時無意中露了兩手，大夥兒一眼看出他是個行家，越發落力苦練，有一次於互相餵招時，老二蔡玉平把我的腿的一條筋扭歪了，腿關節腫了起來，結果只得貼了跌打藥膏在家中「閉關」修練了一個禮拜方告復元，本人爲中國國術界所做的犧牲之大，這就是其中之一次。

那時代，凡穿著低踊之白布鞋的男同學全都是武林高手，回憶我第一天報名加入「光漢國術館」，坐了幾分鐘的三戰馬樁，第二天立刻買了一對嶄新的白布鞋，走在學校的操場上，渾身是勁，見到同門師兄弟慌忙抱拳見禮，大家都同是道上的朋友，當時另一家知名的國術館爲「BK國術社」，我們就權且將之當成黑道對待吧！每當黑白二道之朋友在學校之操場或者走廊相碰頭，雙方必然以「鬥雞眼」同時「偏斜身」相對，大有對方如果驟然發出一招「無影腳」，本大俠立刻不慌不忙地，還以一招「雙龍搶珠」，而且是連消帶打，萬無一失，一言蔽之，那時代的門派之爭，正是武俠小說中少林派及武當派之翻版，當時之競技場就是 CITY POUND 亦即學校附近市政府拘捕街上無主野狗之場地。有一回，我們一位同門師兄在此地跟「XX中學」的一位「黑道」的好手比試，結果戴了兩個黑眼圈回來，這隻鬥敗了的公雞一路上不停埋怨著：「那狗養的使詐，我尚在請拳行見面禮，他拳也沒請就當面一掌劈來，完全不照拳譜來！」我當時亦甚不齒對方不照拳譜，不過不免私下暗自嘀咕，不照拳譜者贏，照拳譜者輸，這拳譜可能有點問題。

以上這些就是中學時期的主要活動，至於讀書呢？讀書根本是學校中最次要的瑣事了，我們當時就已經有一套很科學化的作弊技術，現在略為透露一些給老師知道也無妨，反正現在知道已經太遲，勢不能再補記我的「大過」。姑且以國文默寫考試為例吧：假設該篇文分為前後兩段，那麼依照機遇率或稱或然律(LAW OF PROBABILITY)，老師所出之考題之可能性有三：第一種為「默寫前段」、第二種為「默寫後段」、第三種為「默寫全文或即前後兩段」，有了這麼精確的資料(DATA)，那麼我們就於事前預備好一份「前段抄」，一份「後段抄」以及一份「全文抄」的答案，專待老師出題後拿出來充數，每一回考試，老師大人必然中計，難怪他時常感慨道：「越是頑皮搗蛋的學生，頭腦越是聰明，你看他們的記性有多好，從來未曾見到他們在背書，考默寫時卻能一字不誤！」，頭腦聰明或可受之無愧，好記性，眞是天曉得，連又短又簡單的代數方程式都背不來，教初中代數學之黃老師對於到黑板上來交白卷的同學有句口頭禪：「寫班號回去！」這句話，至今尚常在我耳邊嗡嗡不已。事實上，就算上千萬價值的生意，進口、出口，包括走私在內，加減乘除已足應付得綽綽有餘，也不知道那個缺德的把代數學、幾何以及三角學加在中學的課程中，害得大夥兒無端端地白受活罪，在老師教給學生的珍貴知識之中，這些都是屬於退貨之項目，但我敢跟你們打賭，退貨絕不退錢，而且不但不退學費，現在學費都在提高，學校在向下一代補數學費，同時向上一代募捐建校。

現在回想，好像他們從前教我們的那一套跟目前教的這一套都不一樣：

三十年前的學生讀英文，字旁以中文註音，現在的學生讀中文，字旁則以英文註音，我們初中時代就能以中文寫新詩、散文在報上投稿，現在的高中畢業生中文報紙還讀不來，我當時英中畢業，英文報紙亦照樣讀不懂，從前菲語是我們最感頭痛的科目，現在他們主要的語言是菲語，五千年來一向在同化異族的民族，三十年來也該讓他們淺嘗被歸化的「驕傲」，不錯，這些也許跟學校的教材有關，然而年復一年，我逐漸醒悟，家庭何嘗非是課室，社會更是大形的學府。

代溝

十歲大的小女兒一向熱心公益，自己的東西到處亂丟，不收拾可以，但別人的事情則非管不可。有一天她氣急敗壞地喊著：「哥哥，快來，你用二百塊錢買來的那條魚，被這條一塊錢的吞下了！」那十二歲的哥哥趕到魚缸前，證實自己的二百塊錢業已化成點心，那兇手睜著魚目，悠閒地搧著雙槳，瞪著他吐著泡泡。奈何不了這生猛海鮮，他不禁把一腔怒火儘移到妹妹頭上：「一定是你這小鬼頭害的！」小鬼頭有如於雷雨天偶然站在大樹下，雷打在樹上也打到了她，被痛罵後，她就地坐下大哭，哥哥原本就沒有理由責備她，其實她不過是情勢下之犧牲者，她被罵一事，到底錯在罵人者或在被罵者，或許兩者均沒有錯，畢竟最現實的結論乃是：這就是多管閒事者的報應！佛家一向反對結緣，不管是善緣或是惡緣，誠有深意焉。

本來這只不過是一條魚的被殺案，就算是一個人的兇殺案，如果受害者之家屬沒有錢請律師追究，因而不了了之的，亦屬律法進步之社會的自然現象，更何況受害者只是一條魚，在這文明，講道理，滿有博愛而且尊重人權的世界，每日在海中，也就是牠們家裡，被集體綁架、謀殺、在廚房中被暗殺的魚，著實不計其數，外加大魚吞小魚、惡魚吃乖魚，難怪釋迦看了直唸：罪過！

罪過！我沒有佛祖的心懷，放下正事去爲生物申冤，我是不管魚類的死活，打從醫生勸告我：「若欲長壽，怕膽固醇高，多吃魚類、海鮮。」我開始成爲謀殺案的合謀之一，醫生是當然的主腦！然此魚不比他魚，牠的身價昂貴，只手指甲大就值二百塊錢，我不得不審查一下。

我把那十二歲的魚主叫來：「那條魚你眞的用二百塊錢買來的？」

「是呀！」小東西眼睛也不眨一下。

「你知道嗎，爸爸每公斤一百塊錢的生猛石斑都捨不得買回來進補，你可是連口水也不嚥一下，就用二百塊鈔票換來了那麼一片鱗。」我的心又氣又疼。

他好像有點奇怪：「Si Pa Pa Naman! Puma運動鞋也要一千塊，魚兩百塊不貴呀！」

我不禁暗地裡捏了一把冷汗，敢情是我消息不靈通，說不定長期的保持現狀竟使自己變成落伍了，否則這孩子的生活水準因何跟我差得這麼遠！於是急忙追問：「你每日的零用錢多少？」

他天眞的臉上立刻顯出頗不滿意的表情：「只不過一百塊呢！我們很多同學都是每天兩百塊。」

幸虧我少年時在武館裡認眞紮了一、二年的馬步，才不致被他給唬軟了腳，可能他以爲他老爸不曾進過學校，來一個獅子大開口，另一方面我暗暗叫苦：完了！完了！一定是慈母縱子行兇，這那裡是零用錢，銀行經理的薪水還比它小呢！這簡直是勒索，老子就是被害者，我不禁想起一個故事：

張三欠李四很多錢，當張三在病床上奄奄一息的時候，李四恰巧尋上門來索債，張三對李四說：老弟，爲兒欠你的債，眼見今生是無法償還了，只有待諸來世了。李四亦知討債無望，故意問道：那你來世怎生還我的賬？不料張三的回答竟是：我來世出生爲你的父親來報答你！李四乍聽氣極，以爲張三在消遣他，之後聽張三解釋方悟唯有似父親一樣，要錢就錢，要人就人，對於兒女之照顧眞乃無微不至，一生心血都爲兒女而犧牲。

說不定，我也欠這叫我爸爸的小人物一大筆債！

於是我把債主請到我跟前來，恭敬地對他解釋：「哥哥，你知道嗎，爸爸上學時的零用錢只有二角，這二角要乘公共汽車、買汽水、點心，還要買帶到班裡，上課時偷吃的零食，記得有一次爸爸向你祖母吵了三天三夜，方得他老人家法外開恩，應許爸爸買了一對二十九塊又九十五仙的皮鞋，現代的人是不是腦筋都有風濕病，用一千塊大錢買回來一對橡皮運動鞋還沾沾自喜。」

爸爸從來不打狂語，哥哥暗忖，老爸準是記憶力差勁，或者爸爸根本是在開玩笑吧。他理直氣壯地說：「Si Papa Talaga!集尼車最低車費是一元，汽水一瓶兩塊半，點心十元，爸爸的二角怎樣「裝得下」Paano kakasya(把以上之菲話直譯爲「裝得下」原意指夠用。）？爸爸，你知道嗎，你如果不是穿進口名牌的運動鞋，那你就會「不在地」（原來他係指Out of Place即沒有身份之意，跟這種土生土養的第二代講中國話，眞係秀才遇著兵，有理說不清）。

這個年頭，當父親的無論如何總辯不過兒子的，老父的生活水準，物品以及消費之價錢表全是過時的了，諸如四十年前的集尼車費只是五分錢，汽水大概也是五分錢，當時一分錢還可以買到兩顆糖果！我的潛意識一直未能適應目前的物價表。

後來他又忽然想通了什麼似的：「爸，我懂了，貶值之前的二角就是現在的兩百塊錢了。」說完還瞪著我作會心的一笑。

這年代的父親有一個共同的自卑感，大家一致認同這時代的孩子都比自己同時代的孩子聰明，就以我為例吧，撇開Game and Watch之點數玩不過他們不談，記得當我像兒子們的年歲時，到商店裡買東西該怎樣找錢都搞不清楚，沒有想到現代的孩子竟連貶值也搞妥了！正待以父親的權威來「人造」一點自尊，讓孩子溫習一些諸如：「勤勞節儉、省衣節食，吃得苦中苦，方為人上人，以及專門入息，沒有開支。」這些對他們最生疏的大道理，不料太太卻偏偏在這重要關頭駕臨：「二個丫頭快把電視機及錄影機關掉，老的跟小的也應該嚕囌完了，車伕已經把書包全搬上車了，現在正等著他們去督課。還有，親愛的！你能不能跟我去Shopping？」後面那個問號根本是多餘的，太太的請求對丈夫來說本來等於是命令，識時務者大丈夫矣！

據說，如果你所賺的錢多過你的太太所能花費的，那你就是一位成功的丈夫，這裡補充一句：現代成功的丈夫還應該是：婦唱夫隨。

一路上我思忖著：現代的孩子出入轎車，又有車伕代拿書包，還來一招以前未曾聽到的督課，查查我們記憶的破皮囊，我們的時代那有什麼錄影帶，壓根子連黑白電視機都罕見，當時連銀行都還用電風扇，有幾家住宅裝冷氣機？集尼費雖然只是五分錢，但我們時常為了賺這五分錢而步行了半小時的路。我們眞是被勤勞節儉以及得吃苦的古訓害慘了。

車子終於到達超級百貨商場了，我無論怎樣想還一直想不通：他們的享受是在貶值之後，我們的受苦是在貶值之前；事實勝過雄辯貶值就是進步！

百貨商場的「守車警」恭敬地爲我們開車門，這是一家孩子們常來的商場，我看這守車警服務特別週到，於是大方的賞他五毛錢，接過小費，他好像有點錯愕，微笑中帶點哀求的聲調：「你的兒子每次都給我一塊錢，爲什麼父親反而只給五毛？」我簡潔地回答：「因爲他的父親比我的父親富有。」

一九八五年八月二十八日稿

蒼蠅精神

蒼蠅是屬於骯髒世界的族類，把牠的聲音與體積放大了一百倍，就是第二次世界大戰時，新發明的戰鬥機，牠如果在一碗山珍海味的上空打圈子，對於食客就能造成相當的威脅。萬一牠學那大日本皇軍的自殺隊，朝下一跳，捨身成菜，成爲生猛的調味品，這碗可口的佳餚立時變成垃圾，這麼新鮮的野味，竟也會令食者反胃？有些人甚至在埋單付帳之際，幸運地發現一隻在碗底涉湯，立刻得天之助，有充分的正義感可以賴帳了，非但賴帳，還得狠狠地教訓，威脅食館當局一番。諸位儘管用這條「骯髒理由」，到處去吃霸王餐，菜餚中如果找不到蒼蠅，自己帶一兩隻去也未嘗不可！

蒼蠅除了性格喜歡在垃圾堆，糞堆中演習，自這些地方牠們經常的直飛目的地（DIRECT FLIGHT DISTINATION)是食物或人類的頭部！人類一發現牠欲著陸，就立刻很厭惡地將之驅走，牠急急地飛開了，可是飛了還不到幾公尺，牠又企圖飛回原處著陸，當然牠飛行的方式，無論如何也脫離不了科學定律，牠在空中來回的路線，假如誰有足夠的閒情（吃得太閒！）逸緻，以便仔細研究、觀察，蒼蠅飛行的軌道，牠還是得飛出物理學規定的拋物線，只是牠這拋物線的性質，不太像星球在太空運行之軌道，倒接近澳洲土人拋擲在空中的回力板去回之拋物線，傳說澳洲土人可以這種回力板數百步之內取人頭顱，這板又自動飛回其手中。（不過據說笨的澳洲土人，被自己拋出的板子回來殺死者，爲數亦不少！）

一隻蒼蠅飛到蛋糕上著陸了，你看到立刻把牠驅走，隨時牠又折回來停在原地，你又把牠驅走，牠不久又飛回來停在蛋糕的另一邊，你又很不耐煩地把牠再驅走，牠又再回航，你又……牠又……這種惡性的循環，你氣得要命，極想一巴掌把牠打死，但怕打不到牠反而把整塊蛋糕打爛了，萬一僥倖打個正著，把牠跟蛋糕打爛在一起，也是一樣划不來，你就像海明威之大作「老人與海」之中的老人，只是那跟老人耗了數天數夜的是一條特大號的劍魚，而你呢？是不是値得立志跟這隻渺小的蒼蠅耗下去？於是你又把牠趕走了多次，一直到你失去了忍耐性的那一天，牠就安安穩穩地停留在這塊蛋糕吉地，牠這時唱的卡拉ＯＫ是"THIS LAND IS MINE, GOD GIVE THIS LAND TO ME"！蒼蠅的精神就是「要」這個念頭的白熱化，是認眞的「要」，這種意志的力量是十分可怕的，對於心中所欲達到之目的，無論遇到多大的阻撓，甚至有喪失生命危險，牠仍能不折不屈，必欲達到目的而後已，第二次世界大戰，聯軍名將麥亞道將軍(GEN.DOUGLAS MC ARTHUR)的偉大，就是因爲他具有蒼蠅精神，蒼蠅精神的口號就是：I SHALL RETURN！我一定再回來！

國父孫中山先生也是一位對於蒼蠅精神頗有研究的偉人，君不見革命志士多次起義，多次失敗，許多烈士甚至殉難捐軀，還不是像蒼蠅被人一巴掌打死一樣，尤其是中國烈士，最後終於推翻了滿清王朝，革命是成功了，然而國父臨終之際卻說：「革命尚未成功，同志仍須努力。」

追求女孩子，更須刻意鑽研蒼蠅精神這門高深的哲學，下面不如引了一則實事，當可省掉很多費力勞心的辯論：

有一位尊兄的尊貌委實生得不怎樣的風光（儘管其親娘一直堅持說，當她懷其尊胎之際，每夜必夢見天上玉童投胎。）如果眞的是天上玉童投胎，那麼最合乎科學的解釋就是：當該玉童自天上下凡時，頭下腳上，臉部先著陸，因而造成目前尊貌，壯觀云云，毀容之事，屬他人隱私，如寫多了，生怕淪落爲人身攻擊此一類無格的文字，因而有關這位尊兄尊貌之醜，只草草小提，也不作詳細形容，描述，又不作特寫，下面就直接了當，詳述這位尊兄的「求妻秘聞」：話說天下不該發生的事情就偏偏這麼多。這位老兄單戀上一位又性感又美麗的小姐，他第一次光臨女家，就令這位小姐認爲受了奇恥大辱一樣，除把他帶來的新鮮水果拋擲滿地外，他走出女家大門，還依稀聽得到她在裡面嚷著：「下次要來可別忘了先照一照鏡子，我寧可做老處女也不會嫁他！」，誰知此君深得蒼蠅精神之精髓，每一次被品質管制處退貨（聽說時下盛行科學名詞，就連臉孔的美醜，也有品管標準。」，必發誓：I SHALL RETURN!新鮮的水果被拋擲滿地。就改獻卡式收錄音機，收錄音機連臉孔一起被退貨，就改送電視機、彩色電視機連同黑白的臉孔被退貨，就改送錄影機，她諷刺他，他又用愛心對她，（這是否屬以德報怨？所有人都被搞得很昏！）錄影機被退貨竟改送汽車，甚至(HOUSE & LOT)花園洋房（更昏了！最後這座北極的冰山也終於被他的高熱熔化了，她不但嫁給他，並且還爲他生了孩子。據說產婦分娩之際甚爲痛苦，這位尊兄的美麗夫人於分娩痛楚難當之際，就對助產護士說：「痛殺我也！我下次再也不敢了。」那位沒有同情心的助產護士答道：「夫人，每一次妳都這麼說，可是每一年這個月，你必再來這分娩室報到！」由這則對話，可以推論出她爲他生的孩子還不止一個。

讀了這文，誰還忍心殺害蒼蠅？

現代詩‧現代人

當馬可尼（註）宣佈他發現了無線電波之後，他的親戚好友就把他check-in精神病院了，人類對於新的眞理就一直如是的歧視。

不少現代人到死還是不欲接受現代詩，他們跟馬可尼的親朋戚友信仰同一種宗教，他們一面褒古文學深奧，貶現代文學膚淺，指現代詩又土又白，另一方面又說他們最懂得欣賞古詩，同時最不懂得欣賞現代詩，現代詩太晦澀了，太難懂了。

白話文學取代古文學已經成了定局，然而還是有不少人心中著實不服氣，他們還一直深信古文學比白話文學好，古詩較現代詩好，我發現中國人世代遺傳著一個教人類退步的觀念：「復古」！！！中國人世代相傳，深信無論什麼東西都是古代的好，現代人不可能超越古人：諸如醫術、文藝、武術、政治、社會制度以至藥方都算古代的最好，咱們嚮往「三王之世」，咱們常嘆氣頓足說：「人心不古」，咱們相信古傳秘方，中國歷代的品質控制標準(Quality Control Standard)就是：一切東西必須是三代祖傳的，或古法秘製的。古代的東西到底是不是眞的似他們所想像的那麼完美，不在此文探討範圍，但對於那些一直信仰著「人心不古」這種世界觀的人，我必須提醒他們：自古至今，人性基本上是不變的，但很值得慶幸的，我們不得不承認，人類是在進步的，而且我們還要加重筆調地說：近代的人類進步得最快，無論是在政治、經濟、社會制度、道德觀念、學術等等方面，古代皇帝老子心中一彆扭，就隨時可以誅連九族，古代的旅客不小心住上黑店，擔保你明天變成新出籠的肉包子，古人的道德不見得比現代人好，只不過是他們的科技落後，武器笨拙，試問初民用石頭，一口氣能擲死多少人？！（相傳眞正的第一次世界大戰的武器是石頭，只是此事不見於經傳），現時代的道德觀念，法律都比古時進步、明確、社會制度、社會福利、教育的普及等等都是古代遠遠不及的，同時現代人也比較有同情心，這點可以世界各國響應救災的捐款數字來證實。僅提供上述資料，讓忠心崇古的人仕作爲參考。

因爲復古的思想在作祟，中國人躊躇於接受新觀念，因而中國的文化停頓，甚至退步，於是中國近代的新文學得由西方移植過來，我以爲今後吾國人若欲進步，首先得把「復古」或「崇古」的觀念自潛意識之中徹底除掉，不要一直把過去抱緊不放，過去的就讓它過去了，西方人很早就放棄了拉丁文，我們也得面對現實，看清古文學既然是死文字。以幾千年，這麼長遠，這麼無限的時間來過濾，其間被拿去包花生，當廁所紙用的，被淘汰掉的（被沖下廁池的）古詩巨作何止千萬首，最後能留傳至現代的唐詩三百首必然是好的，但再好也已是過氣的尊貴與榮耀(FADED GLORY)。現代人必須走出新的道路，羊腸小路，石頭路，柏油路，水泥路，甚至高速公路都已經逐漸不能滿足現代人，現代人不但在地下鑽了地下鐵路，同時還要在天上疊了多層的天橋，現代詩人必須脫掉格律的手銬，受傳統封建思想的束縛，現代詩人所擁有的是自由魂。現代詩是自由詩(Fr- ee Verse)，在創新的過程中，現代詩人難免犯錯，自有不少的敗筆，不少篇的劣作，但只要堅持信念，不停嘗試，那怕是費了一生，只要創造出能被留傳的一行，終於會有那一天，那一天不管多遠，我們也一定要寫出一本「現代詩三百首」來。

註：馬可尼Marconi (Marchese Guglielmo 1874-1937)義大利電機學家，無線電報發明者，1909年獲諾貝爾物理獎。

戒煙野史

戒煙是最容易做的一件事，本人就曾經輕易地戒了至少七八十次！

有一回某仁兄向我誇下海口，他宣佈：「我的煙癖已經戒到離離了！」聽了他的宣言，我的心中著實羨佩，同時也有點嫉妒他的「殺心」，不料隔天竟見到這位仁兄又在吞雲吐霧，我故作驚奇地問：「你不是宣佈你的煙癖已經戒得離離了嗎？」我的笑帶少許酸辣味，私底下頗有些幸災樂禍，不意他的回答竟是：「不錯呀！我的煙癖是戒到二二（二十二跟離離在閩南語系同音），二十三又再抽了嗎！」他媽的，老奸巨猾，倒是我被他幽了一默。

戒煙又名離婚（煙、婚諧音）戒了再抽是爲破鏡重圓，實乃千古美事！

關於戒煙這一門學問，本人頗可稱爲專家，積二十多年不斷戒煙之經驗，窮古今中外戒煙之秘法以及最新之科學方法，撇開其他之成就不提，單論個人七八十次戒煙之成功實例，就足可證明鄙人是一位眞正以身試法，而且作法自斃的學者。

不打自招地說，促使我戒煙的唯一原因就是「貪生怕死」，如果以比較現代化的修辭法來表達就是「生物求生的本能」，螞蟻這麼小的生物尚且貪生，人比螞蟻大了幾萬倍，那麼很邏輯的，人一定較螞蟻「貪生怕死」幾萬倍了。

君不見很多名牌的香煙之匣子上都有很清楚的警告：「吸煙危害你的健康」，美國國內到處可看到「吸煙會引起癌症」之告示，香港電視節目中也常插映著「吸煙就是慢性自殺」的廣告，同時街頭巷尾也時常可讀到：「政府忠告市民，吸煙對你有百害而無一利。」或類似之標語，醫生們也都同聲宣佈：吸煙不但會引起肺癌，危害心臟，對於個人的健康有損無益。總之，有關吸煙有害人體的資料，如果收集起來的確可以開一間NO SMOKING之圖書館，其中最絕的應首推香煙匣子上的警告：「吸煙危害你的健康。」有這警告在先，全世界的吸煙者無論如何也不能誣告製煙商謀財害命了，所謂太公釣魚，願者上釣，明知吸煙就是死路一條，世界上偏偏就有這麼多的傻魚！

一想到自己是一條傻魚，我對於這危害身體及口袋之健康的嗜好眞的是深惡痛絕了，於是我就開始了這悲壯的個人戒煙之近代史。

欲戒煙，就得選擇一個黃道吉日，方可擔保出師有利，就算我們是受過科學教育的一代，不信邪，然亦得選擇一個比較容易記憶的日子，以備五十年之後向後輩誇講：「本爺自從某年某日某時，立志戒煙，屈指一算，至今已五十年十日又二小時五分了，從來未曾再沾過一枝煙。」屆時那些尚戒不了煙的小輩們自當同聲稱頌：「吾等均口服心服地羨佩你的決心以及超人的意志力！」不錯，是應該選擇一個便於計算時間的吉日，目下正值八月終，那麼就鐵定新年正月一日零時零分開始戒煙，整整還有四個月的戒煙預備期，在這期間尚可大抽特抽，這是戒煙計劃之一部份，是爲戒煙而抽煙，出發點正確，跟以前之吸煙眞是不可同日而語，最重要的就是戒煙的日子是鐵定的了，戒煙已經是指日可期的事了。

元月一日竟是這麼快就到了，我把純金的打火機送給那位平時不停向我借火點燃其香煙的戰友，又把剩餘差不多一整枝的進口香煙施捨給那位往往忘記自己帶煙的煙友。同時斬釘截鐵地向他們宣佈：「即時開始，本人立志戒煙，這些送禮足可證明我大徹大悟，放下屠刀之大決心。」接了禮物，兩人假裝認眞地推辭了一陣之後，自是各自欣喜的收禮而去了。

這麼一戒轉瞬就是五天，眞是天下無難事，只怕有心人，戒煙想不到竟是如此之容易，既然說戒就立刻生效，果眞這樣，這麼早就戒煙委實有點可惜。這一整天正不停這樣地反覆悔悟著，是夜正値有幾位久年不見面的親密煙友自香港來岷，同時還偕同新加坡某大企業之陳董事長來談宗業務。席間不免把杯言舊，豪語如有紋痕之破唱片，重複舊調不已，言笑之間老友自是習慣地把香煙遞過來，當我回答他：「老兄，小弟戒煙了。」這位老兄半冷不熱地笑道：「什麼？老弟你戒煙了？敢情是財多身弱！」第二位更加尖酸刻薄：「老弟現在錢一多，膽子就小了起來，果然錢一多人也就變了。」還有一位更用上了激將法：「眾位兄弟，吸煙是慢性自殺，要死吾等自己去，何必勉強拉這位老弟一把。」這一聯串以前自己常加諸別人的精神轟炸想不到今天竟報應到自家頭上來了。後來其中一位更慫恿新加坡來的陳董事長刻意的敬上一枝煙來，同時極大禮地拿著打火機在一邊侍候著，在座幾位老友同聲規勸著：「陳大董自來只有別人在侍候他抽煙，這次還是他有生以來第一次侍候別人上煙，這麼大的面子老弟可不能不給呀！再者老弟如眞決心戒煙，就只再抽這最後一枝相信也無大礙。」際此義不容辭之場面，我只有把這一枝煙抽了，所謂「輸人不輸陣，輸陣……！」就是這一枝煙令我失去了戒煙之貞操，在這自由民主的商業社會裡，道義與人際之關係時常使人不能潔身自愛，原本是五十年戒煙計劃，如今竟變成了五天戒煙計劃，相信這可算是人類有史以來貶值最大的新年計劃。

開戒之後，那位以前得了我的打火機以及那位得到贈煙的仁兄不斷打電話來叮囑，老弟何時再戒煙務必通知老哥一聲爲要！

第二次戒煙之緣起就是香港電視插映節目，該節目殘酷地告訴觀眾：「吸煙就是慢性自殺，每抽完一枝煙，就相當於縮短吸煙者十五分鐘之壽命，」我跟同觀該播映節目之好友私下推論，香港政府每年自香煙所得稅收款額驚人，爲了職責，亦須插映如是嚴重之廣告，可以確定的，甚至只要擁有普通常識的人就容易明瞭「吸煙就是慢性自殺是個不得已的殘忍的事實！自港回岷後，一直把自己手中的香煙看成三五七之手槍，瞄準著自己的肺臟，心底裡這般計較：大丈夫死則死矣！死何足畏。然死有重於泰山，有輕於鴻毛，爲吸煙而死，豈不是輕於細菌嗎？眞是不智復不値，對！戒煙是當前急務，得萬火急地把這蠶食生命之惡習戒掉，這一次，出乎意料之外地竟成功戒了一個月，也是合該有事，這日淸晨，我的一位多年的死黨找上門來，此君精通哲理，對於羅素之數學邏輯更是研究有素，他不但是一位無神論者，同時對於近代醫學亦頗有涉及，驚聞我立下大志戒煙。其偉論分析如下：以哲學立場而言，如果說吸煙是慢性自殺，那麼戒煙就等於更延長之死路，爲的是：從來未聽過戒煙不死之論調，就像宗教家說信神得永生。如果此說屬實，那麼全世界從來就沒有一個人相信過神，因爲自古以來就未曾活過一個永生不死的人。再者，以養生學之立場而論：一個人之體內，長期習慣了尼古丁，實際上人體之各器官有時亦需要尼古丁，驟然撤除尼古丁之成份，常會導致發胖，神經緊張等不良之後果，香煙危害健康故不容否認，然驟然急戒亦非上策。智者之理論一定是有相當說服力的，我不禁靈光一現，目下兩全其美的國策就是抽「手標」香煙，「手標」煙不愧是國際性的，本地雪茄也好，粗煙也好，外國香煙也好，舉凡順手牽來者均爲「手標」之籍民，乞丐灶不嫌好歹柴，來者不拒，卻之不恭。此舉確是上上之外交政策，同時因爲自己絕不買煙，香煙之貨源專靠外人捐獻，時常會青黃不接，吸煙之數量自然大減，如是對於身體及口袋之健康都大大有利，以前我向老友記說：「我停止抽煙了，」他們必群起示威抗議，現在我大聲向他們宣示：「我停止抽自己的香煙了，」他們竟爭先恐後地把上好的香煙遞過，你看，煙朋酒友都是格外大福大量！

不料這種外交政策僅僅試行了半年，就引起了許多鄰國之不滿，因敝國國策決不自購軍火，故一見到香煙，眞像是久旱逢甘露，乾田聚會吸水，那一位倒霉透頂的被我碰到，他一盒共二十枝包裝的香煙，於短短一席談話之間，最少被我消耗了將近十五枝，我自覺有點像駱駝，多吸一點以備長途沙漠路上之用，偶而遇到比較熟悉的施主或可稱受害者，我還順手拿了四枝到口袋裡，理由是：明天三餐後各一枝，上床之前亦需一枝。想不到這種手標煙雖不危害身體及口袋之健康，但卻嚴重地損害到人格之健康，小氣一點的人還誤會我貪小便宜，有些可惡的吝嗇鬼甚至懷疑本貴族無錢購買香煙，士可殺不可辱，爲了原則，就是把我唯一的生命豁了出去亦在所不計，之後，我車上一直帶著一整箱之進口香煙，眞的是「留得吾車在，那怕無煙燒！」

這樣又胡亂地大抽特抽了一陣本府自備香煙，在這期間自覺咳嗽之次數頻增，這是大量吸煙之附帶條件，英文有個學名叫：SMOKING COUGH，而且肺臟也多痰起來，根據醫生診斷：戒了煙這些癥狀自會逐漸消失，如果煙不戒，則服了再多之化痰止咳藥都沒有用，咳嗽多痰這麼苦，醫生又如是說，那麼惟有再試圖戒煙了，湊巧今天報紙之副刊中有一文介紹一種戒煙新法，方法頗簡單：就是每當你想抽煙時，立刻以香口糖或其他零食代之。是時正值食糖短缺，人們群湧到超級市場爭購食糖，他們看到我購了一大包之口香糖及糖果跟蜜餞，大家慌忙問我：「口香糖及糖果也要短缺了嗎？」。這個新法試行了幾個月之後，我發現非但香煙沒有戒掉，竟然連口香糖及零食亦吃上癮了，外加體重上升十磅！本來問題只有一個，現在卻變成三個了，似乎問題也會傳種，小問題竟然會生大問題，如今除了應研究如何戒煙之外，更令我頭痛的反是最新發明的二個問題：如何戒掉口香糖跟零食以及如何減肥。

不斷重複一個行爲就成爲習慣，不斷重複一個習慣就成爲性格，似此類推，戒掉一個習慣的方法就是逐漸減少重複此行爲之次數，這是以行爲學之理論爲依據，以最嶄新的角度來解決這最陳舊的惡習，實踐之方法就是：每日記錄自己抽煙之枝數，逐漸由三包減成二包半或者二包，而一包，甚至一天只抽三五枝，抑或每當極想抽煙時就強忍一陣過去，有時故意停止吸煙數小時，總之，其目的就是儘量減少重複此行爲之次數，有一夜於回家之途中想：「今夜決心停煙一夜，」故意將一整包香煙丟到污水溝裡，抵達家門剛好是子夜，這時正當有宵禁的時日，十二點正宵禁開始，我告訴自己：「今夜你當可安心禁煙了。」沖了涼換上睡衣，但當我坐下來享受電視連續集時心中就開始後悔起來，起初尚勉強以意志抑制著這小小的一點情慾，漸漸地理智竟模糊了，慾念至白熱化，後來似乎全身之細胞都在暴動，最後惟有把屋子裡所有之煙灰缸收集來。拾起其中剩餘之煙蒂來渡過這夜的生活，本來以爲人類定能控制習慣，現在不得不承認是習慣控制著人類。

習慣控制著人類，其中最典型之例子或可稱中毒最深之人種或族類就是藝術家，此中包括文人、作家、詩人、畫家、思想家等等。本人雖久已在申請爲藝術家這一個國度之籍民，未知是限於資歷抑或賄賂之功夫未到家，迄今尚未蒙批准，然閒來偶執筆寫一二則秘記或者野史這一類的文字，亦感有如下之中毒現象：寫作之前坐對稿紙構思時先燒掉半包香煙，複稿完又點燃一枝香煙放在煙灰缸上，然後起筆，寫完一段停下筆，拿起煙灰缸下之香煙發現已經燒盡了，於是重新點燃一枝，吸了一口，忽然想到了一段，急忙把香煙放回煙灰缸，寫完這一段再停下筆又發現放在煙蒂又燒了。煙灰長長地貼在煙蒂上，自己的手指動到煙蒂，灰燼方才粉身碎骨掉入煙灰缸裡，如是重複地同時冤枉地幾乎燒掉了整包的香煙，偶而在文思不接之間才拿起香煙來多吸了幾口，最後作品終於完成了，這時鄭重地重新點燃了一枝煙，深深地吸了一口，悠閒地靠著椅背，詳細而慢動作地欣賞著自己的作品，就是這幾口深長的呼吸，四肢百脈，全身每一處神經之末梢都感到受用，這一刻，這一刹那，整個世界之財富也不一定較這一刻更昂貴，因而藝術家一旦戒煙往往好似惘然若失，他們到底失掉什麼？他們只是失去了一刻，相信古時「江郎才盡」一定也是因戒煙所引起之副作用吧！

已說不清是那一回，我向朋友介紹我的戒煙大法，同時向他們透露一個驚人的煙林外史：美國人之祖先自英國移民到美洲，侵略當地之印地安人，最後甚至把他們滅種了，當時之美洲土人因文化落後，弓箭自然抵抗不了槍炮，自家律師之學問更不如外人（當時美國之印地安人根本是「無讀」，「無寫」No Read, No Write何來律師？）然而他們卻悄悄地把抽煙大法傳授給他們的侵略者，私底下欣慰著：侵略者大煙抽上癮了，吾族吾民之血海深仇終能得報，現在美國上千上萬之國民因抽煙而得癌症，這就是印地安人心目中的因果報應！諸君既然跟彼國之人非親非故，何必無故染上惡習，中了美洲土人之毒計。想不到諸位癮君子竟爾執迷不悟，他們反駁道：數十年來，尤其是每逢重大決策，一枝在手，自信頭腦之思考能力必定高人一等，尤其是進口香煙，更是提神醒腦，君不見美國人之能操縱世界之政治及經濟，皆拜香煙所賜，再者如謂吸煙會得癌症，此說更不可信，蓋實例證明，很多人從來不抽煙亦一樣得到癌症，另一方面，很多人抽煙直到高齡亦不得癌症，而且萬金買不到一字「煙」，有詩為證：「一枝在手，萬事如意。」又更：「飯後一枝煙，快樂勝神仙。」古今中外就有不少之詩文歌頌醇酒美人，酒鬼醉漢被美化成酒仙醉俠，二世祖及色鬼被美化成風流闊大少，為何我獨不能廣告這位「刻不離手」的密友香煙，而且花了數十年之苦工才把煙癖學習上手，這麼一下子就戒掉多麼可惜！

聽了他的詭辯，我以敗者的心情喃喃自語道：「吾道雖善，然從不渡無緣之人！」閒時認眞地細想：戒煙簡直就等於是在革命，自己革自家的命，革命天生的就得失敗很多次的，不過，只要我一口氣在，我一定仍要戒煙不息，正是：一切之修爲旨在打倒自我，能律己，能統一自己，才能進而征服他人，贏得世界。

一九八四年中秋節於ＢＦ住宅

信

平凡兄如晤：

別後駒光如駛，魚雁鮮通，小春十日，爲足下懸孤令旦，優見大兄春雲意氣，秋月豐裁，不啻雞群中，矯然一鶴，益令人心折無似，奈何嵇生懶慢，魚素久暌，而夢雨離雲，未嘗不依依在抱也，而西風黃葉，洄溯時殷，雙鯉之頒，定不我棄，俗務頻纏，未遑多寫，因風寄意，不盡所懷，匆匆即頌

文祺

弟XX頓首

公元一九八九年十月初五日

讀了XX先生這封信，你對它的評價如何？是拍案叫絕呢？還是擲臭雞蛋乎？麻煩你一定要浪費幾分鐘寶貴的時間，並把對自己誠實的答案記在心中。

父親，是我自孩提時一直到我追上他的成就（也成爲父親）爲止，我一生中最敬畏及崇拜的人，他在故鄉讀過師塾（那時代的學生是不會逃學的，因爲那時還沒有電影戲院。）他那一手臨

過顏眞卿碑帖的毛筆字，在故鄉薄有名氣，鄉中之大字及對聯多是老爹手筆，他偶然看到這封展開在桌上的信，乍讀之下，愛不釋手，不禁讚曰：此信文筆，灑脫不凡，才華湧溢，又善用典故，誠才高八斗，學識五車也！

老爹嚕嗦未完，我那漢文中學畢業程度（菲華水準PHILIPPINE - CHINESE - STANDARD)的大女兒恰巧回家，看到她公公搖頭擺腦地，反覆朗誦這信，一面讚不絕口，不禁好奇地搶來一讀，她讀後竟是整個臉孔滿是問號：「爸爸，你想改行經營牧場嗎？爲什麼信中寫的盡是一些魚啦、雁啦、雞啦、鶴啦。除了魚，又叫你寄兩條鯉魚（雙鯉）給他！小春，足下懸孤令旦又是什麼意思？對於未嘗讀過師塾的她，我只得權充此信之註釋：小春是陰曆十月也，懸孤是男子生辰，魚雁及雙鯉全指書信（典故從略），聽完註解，她更加大惑不解：「原來這麼簡單，爲什麼故意寫了這麼多，糾纏不清的話，爲什麼不這麼寫：

平凡先生：

十月十日是你的生日，祝你生日快樂！

XX上

一九八九年十月初五日

女兒是讀理科的，她生活的又是一個自由的國家(THIS IS A FREE COUNTRY)，不經意的發表了她純眞的意見，又無邪地像一隻小鳥，飛走了，留下我對著老爹那傳統的，紅漲漲的臉色，但見他氣憤憤地嘆著氣：「看到這麼番仔氣的新一代，中國古文學復興無望矣！」

古文學復興無望，乃因爲古文學已是死文學，西方人能看清這點，因而他們老早就放棄了拉丁文，就只有歷代的中國人一直喜歡跟古代糾纏不清，現代有許多中國的筆，只會重覆古人的典調。

現代人以古文寫作，有絕大的機遇率會重複前人之句或前人之句的重新組織，因而淪落爲「天下文章一大抄」的地步。尤其是中國人讀書的方法是：把古人絕句，甚至整篇的文章背唸得爛熟。這樣就在不知不覺之中，把一個活生生，會創作的人PROGRAMED策劃成一架會編輯的複印機(ZEROX MACHINE WITH EDITING CAPACITY)，古時所謂出口成章（一開口就能把許多前人的句改編成自己的文章），既然滿肚子熟記的都是別人這麼好的文句、詩句，你還需要十分麻煩及傷腦筋地去創造新句嗎？既然已經變成一架能編輯的複印機，無論怎樣萬能也不習慣於創新了，就以上述這信爲例，這位ＸＸ先生，記起我的生日，想寫一封信祝我生日快樂，只因他曾熟背過秋水軒尺牘，他本意原想寫：「平凡兄：今天是十月十日，祝你生日快樂。」即可，奈何尺牘背唸得太爛熟，筆下才寫出平凡兄三字，如晤二字就自動由潛意識中跳了出來，之後潛意識中又相繼浮出：別後駒光如駛，魚雁鮮通（秋水軒第二封信）——總之，整封信都是自秋水軒尺牘（因爲他沒有背過鴻軒等，其他尺牘）。他的記憶之檔案MEMORY FILE中只存秋水軒之中前後左右複印改編出來的，文筆灑脫不凡，才華湧溢，善用典故的評價是對的，只不過這些光榮不能歸ＸＸ先生，而應歸清朝秋水軒尺牘之作者山陰許葭村先生，ＸＸ先生只是秋水軒尺牘的改編複印機。

爲什麼有時一封信會文白相雜呢？答案是有時改編複印機背唸或熟讀的資料，適未能表達某意念，只得被迫自白話（口語）中採用語句，遂成文白相雜，博學或應叫資料檔案豐富的複印機是不喜歡寫文白相雜的作品的。

博覽群書是應該的，這樣才能讓作者了解各家不同風格，同時也讓作者知悉那些佳句，那些意象已曾有人發表了，自己應該努力去創造更新的，而不應該去把別人的傑作背唸爛熟，儼然把之佔爲己有，且偶爾將之改編複印出來發表，並厚顏地在作者簽名的地方寫上自己的大名，全篇或整段抄襲的作品，一旦被發現，任何版位都不會刊登之，不過改編複印品就到處皆是，背唸詩詞及文章根本是一種很錯誤的讀書方法，別人的詩詞及文章背唸一多（而且是背唸得越爛熟，則其副作用越大！），這人就逐漸修煉成了「正果」，變成一架會編輯的複印機，中華民族自發明了這種背唸書本的讀書妙法之後，中國的作者就開始漸漸不事創作了，非但不創作，還想復古哩！於是乎，你發表了一篇古文複印本，之乎者也一番，我捧你是才高八斗，我出版了一冊「天下文章一大抄」，大家也公認我學富五車。大家競爭背唸詩文、名書，以便從速變成複印機（當然是一架能改編及有記憶力的 WITH EDITING AND MEMORY POWER），中國文化所以停頓，這是一個很致命的因素。

筆行到此，才發覺自己其實也眞的有點多事，人家XX先生好意來信祝賀生辰，理應作覆如左：

「XX兄如面：

小春初旬，朵雲遙賁，字字情珠，行行意錦，拜讀寶章，勝讀十年書矣！弟兩袖清風，才疏學淺，承兄垂愛，隆情雅意，銘感五內矣！等等……等……。

這樣豈非皆大歡喜，何必捨簡就繁，一定得去揭發他是「文抄公」，何必一定得去講究一封信的文學價值，一封信只要能達意就可以了嗎！一提到達意，我不禁又要死心眼了，電腦複印機之產品怎會達意，話又要反過來說了：難怪我一定要堅持主張以現代的口語來書寫，就算是一封家書，這樣才是原作，就算不通順，也比印本多寄上了很多的感情，而這感情，不就是我們心中一直想傳達的意思嗎！

公元一九九〇年農曆初一日馬尼拉

生命之傳

時間已經是過了子夜，我臥在床上輾轉不能入睡，房中是死靜而黝黑的，夜的心掛在壁鐘的鐘擺上擺動著，我注聽著，那鐘擺擺動得很慢，漸漸的不擺動了，這時宇宙中只餘下我的心在跳動著，這時夜的心已跟我的心合成一顆，我的心跳動得極慢，終於不跳動了，整個宇宙變得十分靜寂，我再也知覺不到什麼，想不到什麼，我不知道我是否仍舊活著，但我知道我還沒有死……

當我的同學扶西推門走進時，我正在看著書，一面抽著煙。

「哦，燒一枝呀。」我把煙遞過去。

「今晨施教授把他那隻貴重的手錶遺留在書桌上，下午回來就不見了，你知道是被誰偷去的嗎？」扶西沉著聲，慢吞吞的朗誦著。

「是誰偷的呀？」我一邊看著書，漫不關心的問著。

「就是你偷的！」扶西顯然不是在開玩笑。

我一聽到這話，立刻雙目發火：「你，你說是我偷的！」被冤枉是最令人痛心及忿怒的，我的胸中好似塞滿了乾燥的石塊。

「校裡的學生就只有你最窮，窮就做賊，這有什麼稀奇！」扶西冷笑著。

「我雖然窮但仍不致窮得這樣下賤，你我同窗這麼多年，難道你把我看成這樣的人嗎？」我的聲音有點荒涼。

「不錯，同窗多年，我就知道你會做賊。」他在乾笑。

「賊，賊就是賊，難道人反要怕賊不成？」他這時顯得十分可惡。

這時我已經不能再忍耐了，我向他撲上去，他伸出手來抵抗，但他被我扭倒了，他的衣服，他的皮肉被我撕成一片片的白紙。

之後我有點後悔。當母親來打掃我的房間時，這些紙張就被掃掉了。

中學畢業後，我覺得我的知識太多了，我的生命是充滿希望的，我讚美路邊的花，我看到前面還有著更多美麗的花與音樂等待著我。我簡直知道一切，擁有一切。

後來，我進入大學了，學校規定我們閱讀很多哲學的理論。讀了各派的人生哲學後，我的生命就失去了意義，失去了希望，我變得十分消極。讀了各派的宗教哲學後，我就失去了神，讀了柏克萊(BERKELEY)，洛克(LOCKE)，笛卡兒(DESCARTES)，康德(KANT)等人的知識論後，我看到一隻螞蟻，但不知道它是否存在著，我伸出手指把螞蟻壓死了，但我不知道牠是否死了。我只知道我活著，我看到一朵鮮花，但我不知道我是不是看到它，我看到一朵紅玫瑰，但不知道它是不是紅色的。於是我尋求快樂，然而快樂就是不完全的痛苦。學問讓我知道：「我只知道我所不知道的。」現在我覺悟，但我變得消沉，不是謙卑。

古希臘有這麼一段神話：「有一個在地獄裡的罪人向管理地獄的獄長請求讓他再到人間去，獄長答應了他的要求，但有一個條件，就是每日他必須把某山下的一塊大石推到山頂，而每當他把大石推達山頂後，這大石就會隨時再滾到山下，於是他又得再到山下把它推到山頂，他的工作就是不間斷的到山下把這塊大石推到山頂。」生命的意義不是在於生命本身有什麼目標抑或能成就什麼事業，而在於我們明知當我們把這塊大石推到山頂後它會隨時再滾到山下，而我們仍有恆心再去把它推到山頂。

另一方面，我接觸到了生活的本身，我變得現實了，我認識了錢，並覺察到它巨大且有力的雙臂。

雖然我曾受過高等教育，但學問並不能讓我得到錢，目前我很窮，窮得難以生活。但是我的頭腦很清楚，我的官感很靈敏，我淸楚的看到，如果我欲生活得舒服一點，我就得放棄一向的清高，去隨波逐流，如果想享受生命，我就得致富，就得不擇手段。

我想，生存高於一切，因爲我的生命只偶有一回，而且只有這一回。我於是出賣人格來求生存，爲的是沒有生存就沒有人格。

要進一步，單有生存而沒有享受，生存將失掉意義，將成爲一種痛苦。於是我犯罪，縱火以便致富。有了財富就有了享受，生存才有意義，我是不得不這樣做的，因爲我的生存就只有這一回，這一回我應該好好的享受它，我顧不得別人的利益與生命。

終於我致富了，人們都奉承我，羨慕我的手段。只有我自己鄙視它。

一夜，窗外落著細雨，剛入睡，朦朧中我覺得有東西在壓我，我的頭被褥子蒙著，我掙扎，但掙扎不開，我的心長滿了草。潛意識告訴我它是死了的扶西，我覺察到床邊還站著許多被我縱火燒死的人，我掙扎著，用力叫喊，但我的喉發不出聲音。忽然一切都消失了，我拉開蒙在面上的褥子，睜開雙目，室內是平靜的，窗外細雨依舊沙沙，我看到睡眠自我的鼻樑上走過，我清醒了。

翌日，我自銀行回來，剛步下汽車，一個強盜把我盛錢的皮夾袋奪去，我剛欲叫喊，那強盜的刀已刺入我的胸口，我看見鮮血自我的胸口湧出，太陽蝕滅了，一切的光卻自我睜開的雙目中蝕滅了，我逐漸眞實的感覺到有人在搖動我的手臂，「孩子啊，醒覺來，已經是上午八時，恐怕又要在校裡遲到了！」，我逐漸知覺到我的心又開始在跳動，壁鐘擺動的聲音又開始在室中響起，我睜開雙目來看到陽光，母親站在一邊搖動我的手臂。我起身，坐在床沿發呆著，我懷疑我這時的醒覺，也許我只是從一個較短的夢裡醒覺到一個較長的夢中？

現在我唯有鄙視自己在夢中的行爲，我可憐自己的無知。在夢中我不惜付出人格及一切來換取生存、錢財與享受，而當我醒覺後，付出的已是付出，得到的我又沒有得到。

夢冒充現實，令人心思迷亂，出賣自己，對於每一個現實，今後我將懷疑並提防它們也是夢的假冒。

寫於一九八三年十一月三日華僑週刊

奢侈是一種美德

小氣的僱主責問新從村下來的女傭人：「最近家裡的牙籤消耗得特別快，聽說都是被你消費掉的。」村下人本來就比較誠實，被責問後戰戰兢兢地回答：「先生，不錯的，我是常常喜歡用牙籤，不過我每次用完必把它歸回原處！」

這種儉省的「美德」，現代人是不能容忍的，甚至有許多日常用品「用完了洗了再用」，在現代人的觀念中，非但不經濟，同時也不衛生，現代人的身價高貴非凡，僱用他洗一雙筷子的工資，昂貴過另外再買兩雙的價錢，而且現代人的奇難絕症最多，凡他用過的東西，就要丟掉，爲的是第二個人再用就可能被傳染。

用後丟棄(DISPOSABLE)就是趨時，就是現代化，現代人把筷子、碟子、手巾紙等等用完丟棄，更先進的國家，衣服穿完丟棄，甚至汽車用過二、三年後也丟棄，我有一些仇家（因爲他們的老子當過八國聯軍，俺跟他們自有國恨家仇！）他們的思想更先進，妻子用了數年，也可離婚，連妻子也用完丟棄。

在舊時代，落後的經濟體系之社會中，再富裕的家庭，也不會把筷子用完就丟棄，用後丟棄，在貧困落後的社會中是奢侈，是一種不可容忍的惡習，儉省的美德令整個社會的經濟活動近乎停頓了。

現代人是奢侈的，是不可一世的，現代人的消費是史無前例的，要求豪華的享受，現代人的平均國民收入是有史以來最高的，因爲他們懂得怎樣去帶動經濟活動的大循環。

何謂經濟的大循環？假設餐廳，多買了幾雙筷子，筷子工業就發達了（此事有實例爲證，爲了日本人流行用後丟棄之筷子，東南亞一帶的森林，差不多因而都被砍光了）。筷子工廠就得僱用不少的工人、職員，同時購買不少機器、辦公室以及工廠設備、廠房之建設，又得僱用不少工人，購買不少建築原料，又得帶動建築原料工業，筷子工廠之員工，有了工資，又得帶動交通、食品、衣服等等，一連串有關工業的連鎖經濟活動，最後筷子工廠的員工也有錢可上館子吃飯了。上述之舉例說明，不過是經濟之小循環，欲知經濟之大循環爲何，只要有平均之智商，即可以此類推而知之。

奢侈在本質上就不是一種捐助，更不是一種施捨，它本來就是一種豪華、高尚的享受，同時在不知不覺中，奢侈的行爲，對於社會的經濟，很樂意的盡了很大的力量，不可否認的，奢侈是一種美德。

睡眠新法

「我夢見彼此是陌生人，醒來竟發覺我倆已熱烈地相愛著。」這是一首很美的短詩，前幾天，吾友密士德張春國的親身經歷卻是這樣的：「夢見我正衝上去擁抱那美麗的性感尤物，以期跟她接一個長長的吻。醒來才發現這竟然是一場車禍。」造成車禍的主因乃是因爲密士德張閉著眼睛開車，他以爲自己的駕駛技術已高超得可以跟睡覺同時進行，結果他證明自己的確是錯了，而認錯的代價是：把被撞得血流滿臉的三輪車夫以及搭客共三人急送醫院，外加倍償三輪車之損失，還好本地製造的三輪車身還算堅固，只稍爲弄彎了前面的兩條鐵攔杆，倒是密士德張先生之日製轎車，主動撞人反而自身受創慘重，好比雞蛋撞石頭，車頭部份全凹了進去，可見本地貨不一定就比不上進口貨。

爲了朋友今後的安全，我特地勸告張兄，駕駛跟睡覺同時進行是絕對可以的，不過應該左眼先睡，左眼睡醒再換右眼睡，這樣左右眼輪流睡覺，擔保睡眠充足，又不會出交通意外。

聽說有一種更先進的睡眠新法，就是坐著睜開雙眼睡，而且還得不打鼾聲，於教堂中，尤其是當牧師的聖經故事之動作不太緊湊之際，眼觀八面，當不難發現有一兩位教友在閉眼養神，年紀比較高的一位竟大膽打起瞌睡來，到底到教堂來作崇拜的人都是敬畏神的，也許因爲這樣，從來就未曾聽到有人膽敢在教堂中發出鼾音的，事實上，教友於牧師講道時入睡，這錯也不能全歸睡者，牧師至少也應付一半的責任，因爲有些牧師的講道實在是十分催眠的，不信者不妨一試，身受其難之後當會有同樣的感受，一旦練就這種坐正，睜開雙眼睡覺又不發鼾音之絕技，就算牧師的聲音再單調，你在教堂中大睡其覺，全教堂也只有神才知道吧！傳說這門技術的鼻祖系春秋戰國時代之名將張翼德、張飛先生、密士德張每夜睡覺時都是圓睜雙目，口角還露出微笑，聽說有一夜，某位欲謀殺張公的刺客，一來到張先生之榻前，見狀反而被嚇死了，此事有史可考，足證這門技術絕非憑空虛構。（那時尚未流行綁架）

不幸碰到無話可講的人上台去講話，對於台下之聽眾著實也是一種精神虐待兼體刑，回憶中學時代，每星期一之朝會，規定學生大清早七時正，當睡眠尚倒在眼中未去，那位（那時代的訓育主任據說大多數都有虐待狂的傾向）訓育主任一定得爬上台去重複他以前講過多次的那些廢話，爲何稱之爲廢話，爲的是說了等於沒有說，不是跟書上的一樣，就是跟上星期一講的一樣，身受這種劫難，聽說應變能力強的學生就發明出站立睜眼睡覺法，不過，根據記載，這種睡眠法最怕發生後遺症，就是全校同學都已回班上課去了，你還是一個人站在操場中央做其好夢，如果是這樣，笑話就鬧得太大規模了。

吾友彼得，許先生，他的名字翻譯成中文就是：密士德許亞得、密士德許「有時」近視眼奇重，因何特別押明有時呢？近幾年來僑社卡拉ＯＫ之風頗盛，於此期間，密士德許帶頭首創個人演唱會，該場演唱會，除了「唱」得非常成功之外，密士德許於「演」出方面，更是別出心裁，上半場不戴眼鏡，只戴鬍鬚，下半場則剃掉鬍鬚，同時變成近視佬（他是不是在演千面人？）因而我不得不再三叮嚀，教他睡前切勿忘記戴上眼鏡，以免把夢境看得不清不楚，許君可能是依話照辦，根據他的口述，有一次夢見有人邀他吃飯喝酒，正當他已看準桌上擺的儘是山珍海寶，大蟹大肉，還有那慕名已久的路易十三佳釀，此酒果然與他酒不同，瓶蓋才開一縫，酒香已欲醉人，舉起手中杯，方欲首先一杯下肚，然後再慢慢品嚐那活龍蝦之生肉(SASHIMI)之際，生平最慘痛的事就在這時發生了，就於這最緊要的關頭，他的太太竟然把他叫醒了，難怪最近邀他飲酒，他總是鬱鬱寡歡。

左道旁門的睡眠方法多的是，未克一一細陳，根據生活實際經驗，而歸納所得的要點是：睡覺如果不是在床上做，多少總是難免有點危險的，就算是在床上做，如果不是在家裡的床上做，更加危險。

吐痰之邦

中國大陸的第一個特徵就是有很多的中國人，全世界的人一看到中國大陸有這麼多的人，心裡都不禁會害怕，中國大陸的第二個特徵就是有很多痰壺，痰壺則是中國的獨特之發明，古代的中國人發明指南針、火藥、印刷術，近代的中國人則發明痰壺。這許多痰壺也許就是在爲到處張貼著的：「不可隨地吐痰！」的標語準備發洩之場所，也許吐痰在中國被公認爲一種很健康的禮貌？因而人民中國各辦公室，甚至政府部門之辦事處，多數都備有痰壺，記得當時毛澤東接見尼克遜，沙發旁邊也展覽著一樽痰壺，以備毛主席表演禮貌之用。

記得多年前第一次自香港乘搭鼓浪嶼號客輪抵廈門，在廈門海關領了足足五小時的行李，跟我同行的是幾位香港居民，他們近水樓台，早已習慣了廈門海關的辦事效率，我們相互相對苦笑著，因爲怪事一旦常見，也就不奇怪了，最可憐的要算那位加拿大華僑，單單一件行李，也等了五個鐘頭，他非常失望地跟我說：

「這是我第一次回國，不過我現在就想要立刻飛回加拿大！」我們這行人是早有心理準備，忍耐再加苦笑，五小時就五小時，反正我們幾個都還年青，相信未老之前，終於也是有把行李領妥的一日。果然只五個半小時就已經把行李全部領出，於是一行人包租了一部簇新的豐田牌房車(TOYOTA HI-ACE)往泉州市一途中偶然遇到一位穿著紅綠相襯的制服的解放軍，他在車前向我們揮手，示意欲搭順風車，我們遂停車，爲他打開那裡邊包著透明塑膠保護纖維的車門，這傢伙一上車，關了車門，一屁股兒在我身邊坐定，嘴中隨時咳了一聲，一口濃痰吐在我鞋邊那沒有包透明塑膠保護纖維的全新地毯上。這車可是他家的資產（因爲這些車子都是公家的）。不過他這一口濃痰吐在這麼新的地毯上，卻令我心痛萬分，我忽然記得讀小學的時候，老師曾經跟我們講了一個軼事：在一艘豪華的大遊輪上的迎賓酒會中，一位中國搭客在這酒會之大廳的高貴地毯上，吐了一口濃痰，眾貴賓正在反胃之際，忽然自賓客中走出另一位中國人，這位中國人自口袋中拿出他的手帕，把地毯上的痰擦了乾淨，而這位爲中國人擦痰的中國人是誰呢？他就是中國的國父孫中山先生。

白種人看不起我們，我們認爲這是一種族歧視，我們抗議，但是在抗議之前我們是否應該先檢討自己一下？如果別人把煙蒂丟在你家簇新的地毯上把濃痰吐在你的新車的地毯上，你是否還會很尊敬他？在深圳某五星大飯店，我目擊一位大陸同胞把未熄的煙蒂丟在高潔的地毯上，我實在感到有點忍無可忍了，遂責問他道：「啊！你怎可把煙蒂丟在地毯上？」。不料他的答覆竟是：「你知道個什麼呢？這種新式的地毯都是有防火的！」。眞是秀才遇到兵，有理說不清。

近代的中國人好像特別有把惡習當成社交禮貌之嗜好，以前中國人把鴉片當爲高尙的社交禮貌，顯貴人家的府上都有抽鴉片設備，並以之招待貴客，鴉片的時代過去之後，如今中國大陸是全世界香煙最大的消費者，除了香煙，粗話在大陸好似也頗盛行。

會不會中國人把東亞病夫這四個字誤會爲一種榮譽？因爲唯一名正言順，理直氣壯的吐痰理由就是肺病，肺部有毛病，痰自然特別多，痰多焉有不吐之理，痰吐一久，爲了不在自己家中或辦公室裡隨地吐痰，遂有痰壺之創造及發明，這一套推理法非但不現代化，同時也不合邏輯，試想天下那有肺病不求醫而發明痰壺之理，就算是第三期之肺癆，目前也經有了特效藥，區區一口頑痰，豈有不能被醫療，根斷之可能？我認爲他們已經把痰吐成一種風氣，吐痰已形成一種地道的習俗，根據我長期的觀察，有些人一看到特別骯髒或者特別清潔的環境，他就會被刺激得自動有一口濃痰立刻升到喉頭，當他吐痰時還得外加一句「三字經」才算過癮。

如果要人家尊稱中國爲詩禮之邦，那麼一位有病的中國人就應該積極地去尋求徹底的治療，沒有病就應該根斷吐痰之惡習，一個能自我醒覺，自我改良的民族，才是一個偉大的民族，護短，固執，不勇敢認錯的民族是不會進步的，世界上無論任何專橫的強權，無論任何天大的理由也不能把「痰壺哲學」詭辯成爲正當，良好的生活習慣，一個國家欲求強國強種，衛生是健康國民先決的素質。

也許這是一篇何其不自量力的廢話，企圖以一兩千字的一篇文字來撼動這龐大，歷史悠久的吐痰傳統，我心中有一個很謙卑的奢望，就是萬一有一兩位中國人，因讀了拙見，而戒掉吐痰之惡習，則我的苦口婆心就是國父孫中山的潔白的手帕，總算能爲一兩個中國人擠掉他那欲吐在簇新地毯上的那口濃痰。

一九九二年七月四

施比受有福

「施者比受者有福。」這就是獻捐的最終定義。

論到對神的奉獻，以節儉聞名世界的中國人就說：「很簡單，我在桌上畫了一個圓圈（可能不是太大的圓圈）後，我把我所有的錢向上拋，那一些掉在圓圈裡面的就捐獻給神，掉在圓圈外的還是我的。」第二個發表意見的是以樂天主義馳名的菲律賓人。他說：「我的錢也許不比你們多，但我倒是比你們慷慨，我只是在桌上畫了一條直線，然後把我所有的錢往上拋，掉在右邊的就是神的，掉在左邊的還是我的。」最後輪到猶太人發言，他說：「你們都跟神這麼斤斤計較。我可是什麼也不畫，我乾脆把我所有的錢全部往上拋，同時大聲祈求道：神啊！我把錢全部奉獻給你了，求你務必悅納，那一些你不要的，再掉下來的，才是我的！」

也許因爲這樣，世界上最聰明的猶太人才會成爲亡國奴。最近猶太（以色列）是復國了，可是談到樂捐建國猶太人不太樂意掏自己的腰包的。結果狡猾的美籍猶太人（他們大部份是美國的大富翁），利用他們的財勢，影響美國國會爲他們樂捐建國。試想以色列是一個甚富的國家，而美國對外支援之最大受益者就是以色列。

宗教團體之經濟來源，主要依靠募捐，傳教者都是心理學家。對於捐獻的技術更是有專門的研究，記得五年前我外甥假某大天主教堂舉行受洗典禮。緊接受洗典禮之後，神父的助手奉出一個銀色的大盤子，並把這盤子展示在那位當天最是上上之賓的誼父之面前，這銀盤子這時頓成爲典禮之重點，這個面大而底淺的盤子，銀光逼人，大概是全體賓客之眼光集中照耀的反射吧！而最令人怵目驚心的是盤子正中央已有一張簇新的五佰元鈔票（當時還沒有發行一仟面額的）。身爲誼父的我，幾時被人嚇倒過？在眾目睽睽之下，說時慢，那時快，看圖會意，我臉不改色地自口袋中掏出一張五佰元的菲幣，「樂捐」在盤上。之後助手又依照等級把這個銀盤子奉到其他幾位誼父、母，以及父親、母親等等配角、主角，和反角的前面，在大堂廣眾，於所有眼睛的焦點之下，每位都先後「樂捐」了五佰塊，助手才連盤帶錢收妥。這場「樂捐」其實比那受洗典禮緊張，當時緊張的程度不下於搶劫事件之情節。五年後的上星期天再爲誼父，這時是一九九二年的菲律濱，搶劫已成小氣鬼的玩意，時下的風尚是大手筆的綁架。典禮尚未結束，每位誼父之手中都已經接到一個信封，上面一行很工整的打字：「謝謝你慷慨的捐獻。」

不義之財，就算樂意捐獻，神對於這種錢是悉數照收，只是心中不領其情而已！一九九零年，聖誕節之前的一個下午，教堂的廣場上，忍受著午後之太陽的殘酷，東尼跪在那尊黑色那撒忍勒(Black Nazarene)的面前，迫切地祈求不停：「神呀！你知道我急切需要三十塊菲幣，神呀，求你務必行行慈悲，賜給我三十塊菲幣。」東尼整個下午一直重複著這個祈禱。當時湊巧有一位好心的警察，值班在附近，無心的聽到他的禱告，心裡很同情他，可是這位警察之口袋中只有菲幣二十五塊，這位警察先生把二十五塊菲幣交在東尼手中，並對東尼說：「這二十五塊你拿去吧，不要再跪在那裡嚕嗦了。」不料東尼把那二十五塊菲幣收妥之後，又祈告：「神呀，感謝你賜給我的錢，不過，下一次如果你要再賜錢給我，千萬不要再經警察之手，你看，本來好好的三十塊，一經過警察之手，就少了五塊錢。」

捐獻的動機頗多：教徒對於宗教團體的捐獻，潛意識之中都存在著一個自私的目的：就是相信藉著自己的奉獻，就能得到神的保佑，甚至得到神的加倍賜福（諸如奉獻一佰塊錢之後，也許能因而生意興旺，賺得一百萬，一千萬云云）。而且教徒大都是貪而無厭的；他們的奉獻除了包括買了終身人壽險（諸如萬事如意，出入平安等等）之外，還包括事業成功險（諸如生意興旺，財源廣進），這還不夠；還得擔保他們死後上天堂，來世轉胎爲汶萊(Brunei)王子，或者只是英國王子，似這種一廂情願的交易，看起來似乎很便宜，一旦死後才發現被騙，到時可是不能退錢的！

有許多大慈善家捐獻是爲了名。這實際上也是不可厚非之事，能爲勾名釣譽而慈善，至少總比完全不慈善者有助於人類。又有一些慈善家，不時捐了大筆款項，事實上彼等捐獻慈善是可以扣稅的。名至實歸，慷政府之慨，何樂而不爲焉！

有系統，有組織的大規模之慈善捐獻，成立長時期，甚至永久的慈善機構，這些都是現代人的偉大創見。世界性的救災，以及經濟支援運動，這也是現代人值得驕傲的最大成就之一。

能有悲天憫人的心懷，同情比較不幸的人類，能夠不爲了什麼而捐出錢財來幫助別人，這種愛是神聖的。能有如此偉大的胸懷，就是一種很大的福份。

沈默的藝術

偉大的人都有雕像。雕像都是沈默的。有一尊雕像名叫思想者（The Thinker）它應該是雕像之中最沈默的了。

第一次處身於一個陌生的場合，最好的自我介紹就是沈默。第一次的印象很可能會是永恆的。與其令人說你多言，毋寧令人說你沈默。尤其是當你眞的沒有什麼東西可講的時候，就請千萬不要多講。

魚如果懂得閉上牠的尊口，牠當會省掉不少的麻煩。而釣者只得空手而歸。世界不朽名畫之中的女主角摩娜莉莎(Mona Lisa)一旦開口大笑，而露出滿口的金牙齒，糟蹋了千古之形象，豈不可惜！妻子如果懂得沈默，全世界數不清多少的婚姻將會因之而得救，不幸娶得一個二十四小時吵鬧不停的太太的丈夫，一定十分欣賞「啞女情深」這部影片。吵聲是精神虐待。沈默是智慧的泉源。歷史證明，世界上多少大思想家都是在沈默中培養出來的。試想假如牛頓(SirIsaac Newton)是一個很吵的人，當蘋果一掉到他的頭上，他一定立時發明出罵蘋果樹的方法，而不會發明出地心吸力這個重要的物理定律。經驗告訴我們，沈默的水是深不可測的，只有那膚淺的溪水才會嘩啦嘩啦地唱個不停。俗語說：大智若愚，若愚就是沈默，沈默就是大智。禪是一種很有深度的沈默，佛就是在這高深的沈默之中參悟出來的。耶蘇基督當祂被釘之前，也在客西馬利園沈默了四十天。沈默可以通神，世界上無論是音樂、美術、文學、科學，以至哲學方面的不朽之作品都是在沈默中創造出來的。你是否知道，流傳千古的貝多芬(Bethoven)交響曲，是於貝多芬耳聾之後才創造出來的。

太極拳論中說：「動如狡兔，靜如處子。」可見美麗、純潔的處子是沈默的，一旦變成太太就開始吵了起來。沈默是美麗的，就似處子一樣的文靜，處女一失去了沈默就變成了刁蠻的潑婦。

多言固然教人討厭，多言而惡更是令人毛骨慄然，惡意造話誣人是很陰險的。有一句很有智慧的話：「話託人會增加，錢託人會減少。」把話託人保管，這話就可能會被增加到可以把你置之於死地的地步。相反的，把錢託人保管，這錢也會被減少到令你窮死的地步。

多言傷氣，沈默就是眼觀鼻，鼻觀心。沈默是百忍成道，與世無爭，多言是山窮水盡，沈默是海闊天空，一旦不幸遇到沒受教育的野蠻族類，他們很可能是不講理地謾罵，甚至污言相侮辱，沈默是最得體的對付，經常看到一些自命學豐五車，弄文舞墨的人，其實肚中並沒有眞才實料，以致斯輩不懂以邏輯，雄辯來講述大道理，未曾學得如何以眞理來引渡別人，他們的道行只修練到懂得人身之攻訐，刻意揭發破壞別人的私生活，惡意謀殺人格。對於這類下三濫的學者，爲了避免跟他一般見識，以免墜落而成爲其同類，沈默實是唯一清高，有性格的反應。

某次爲了某商業合同而到達某律師樓，一眼看到辦公廳大門上寫著律師某某，才知他正是我久仰大名，只是未曾謀面，全菲律師會考名列第一的狀元律師。對於這位法律俊才，心儀已有多年，這時站在他律師樓門前，不禁肅然起敬，急欲一睹豐采而後快。當下稍爲一整衣髮（不是一整衣冠，蓋近代的頭常是裸體的！）叩了這扇莊嚴的門，進入之後道明來意，終於被指引到這位心目中的偶像的桌前，先把他端詳片刻，果然一表人才，坐定後，開始跟他談起商業交易後，才發覺他竟然是一個傲氣十足，而且還是一個我有生以來第一次碰到的最專横同時最不近情理的人。他外表看來倒很像是一個人。不過，如果說他是人，他卻是連半絲人味也沒有，如果說他是律師，他又不講法理，而最難容忍的是：全場只有他可以發言，根本沒有你插嘴的空隙。你唯一說話的機會是：當他叫你回答他的問話的時候，百忍成佛實在是一件非常痛苦的事，正當我就要變成佛之前的一秒鐘，他及時結束了這場「一人會談」。可憐，這時他的形象已經被他自己的狂言破壞了至少一半以上了。也許他感到有點內疚，竟好意邀請我喝咖啡。我不好意思同時也怕拒絕他。說不定拒絕律師的邀請是犯法的！於是跟他一起來到附近一家五星飯店的咖啡廳。入坐之前，先來一個三百六十度掃描，很巧見到一位菲律賓朋友一個人獨坐一桌，他也看到了我，就堅持要我們跟他同坐。坐定後，各叫了飲料，我才想爲他們介紹，不料這座破了一半多的偶像又開始了。這一次他打開天窗，存心要給我們兩人來一個下馬威，他這時很小聲，很機密，而且一字不漏的跟我們說：「你們知道嗎？我於畢業後，參加全菲律師大會考得到第一名！」其實這事我數年前就已經知道的，現在經他自賣廣告，反而賣掉了我對他的欽佩。直到這杯咖啡喝完，我跟這位菲律賓朋友就一直靜靜的在聽他自己廣播他自家的才華（我很懷疑他這家律師樓也兼營某氏廣告公司！）他又間中重複了他那會考第一名的事數次，不過每當他多提一次，他在我心中的形象就被多破壞了幾分，等到我們要分手的時候，他的形象已經是粉碎無存。當我們向他道別之際，他忽然想起要跟我這位菲律賓朋友交換名片。當他讀了這位菲律賓朋友的名片後，我看到他的臉色就像那窗外的落日一樣殷紅，他突然沉靜得像黃昏的心情。直到我們兩人走了，他還是呆在那裡，也許這一刻他才認識人類的另外一種情緒……慚愧！因爲他手中的名片是這樣印刷著：可敬的ｘｘｘ。國家最高法律—大法官。

他對他慕名已久，只是未曾謀面。

回家途中，沿著岷海灣開車，椰子樹排著隊，集體，在風中同時向我揮手，椰子樹的頸下，多數掛著一串椰子，這串項鍊，就簡直是獵頭部落胸前掛著的人頭，難怪菲律賓人把椰子叫做頭顱。

但是當它內容充滿的時候，任憑你怎樣搖它，它都會一直保持沈默的。

婚姻是兩個人的遊戲

婚姻，如果沒有眞誠的愛，是一種戰爭，如果有眞誠的愛，也是一種戰爭。婚姻創造出世界上最親密，相愛的敵人。

上帝說：愛你的敵人。又說：繁殖眾多，滿佈地面。這八個字就是人類如何從相親愛的戰爭演變成互相殘殺的戰爭的過程。

戰爭既然是人類的原始衝動，也就是人類的根性，以之解釋人類的行爲是萬無一失的。比喻人類自戀愛到結婚這段時期就已經有冷戰的存在，有二幅這樣的漫畫：

圖一是：走進婚姻註冊處時，女生在前，昂著首，雙目向天。頗有神聖不可侵犯之氣質。男生則每手各提著一件大皮箱，殷勤地犬跟在後。

圖二是：走出婚姻註冊處時，男士在前，昂首翹頭，鼻子向天，頗有一副勝者的氣派。女士則如鬥敗的母雞，垂著頭，緊緊跟在後。兩手辛苦地提著那兩件大皮箱。

自由戀愛的婚姻就好像釣魚運動。在未釣到魚之前，探聽得那心愛的魚喜歡吃蚯蚓，只得甘心情願的到骯髒的泥土中去挖蚯蚓，聽說心愛的那條魚喜歡小蝦，傻鳥才會不千方百計，高價買得不少活小蝦輪流進貢，就算那心愛的美人魚喜歡天上的星光，何嘗不能徹夜不眠，爲牠守著整個天的星星。只是一旦……一旦魚兒上了鉤，要怎樣煮牠呢？可要聽我的了！要燒烤？清蒸？還是白汁？不過，全世界的釣者一致公認那段智慧，等待，以及互相追求的過程，是比較煮熟了的魚有味道的。海明威ERNEST HEMMINGWAY之著「老人與海」之中的老人就是爲了嚮往這種愛情，甘心挨餓，甚至幾夜不睡，孤獨地守著整個夜空的星光，以及每天孤獨的太陽。結果釣回家的只是那條劍魚BLUE MARLIN的骨。不過，無論如何，他是已經釣到自己所愛的魚。

不懂釣魚的人就只得到媒婆廳去吃便菜。封建時代就已經有TURO-TURO FAST FOOD（任選快餐），提早訂菜，古名叫指腹爲婚。歷史證明這種婚姻之後遺症是：本來是兩個最要好的岳母，經常因爲護短而造成兩家之間嚴重的冷戰。

傳說最原始的婚姻是這樣的：一個木器時代的男人在街上（那時的街是曠野）看到一個天然性感的女人（天然性感就是不施胭脂，少穿衣服；因爲那時尚未發明化裝品以及衣服），他對她見獵傾心，遂舉起手中的大木搥，給她當頭一捶，然後以打獵的手勢把她攔腰抱起，放在肩上扛回家，數年後他們倆個不就是兒女成群的恩愛夫妻了。相傳大男人主義就是這樣形成的。之後有文化的大男人主義把隸稱爲愛情的俘虜，並創造了一套「三從四德」爲這弱者作長期的洗腦。在大男人主義的社會裡，他們把賣身契改了一個現代化名結婚證書。聽說近代的日本小姐，可能是識破這個陰謀，很多都遲遲不欲出嫁。近代流行女權第一主義，丈夫如果還死抱著大男人主義這種舊式的武器不放，恐怕戰爭就要展開新境界。除了罰跪之外，聽說新女性目前正在校定一套丈夫的三從四德哩。

全世界，甚至古今中外的愛情都是敏感得像炸藥一樣的氣味，丈夫一旦夢中失言，叫出別個女人的名字。這一點點的火花就足以把任何甜蜜的夢爆炸得粉碎。一場世界大戰遂告爆發，戰後還有不完不了的拷問，精神轟炸。包你消化不良，精神分裂。難怪有經驗的丈夫都找跟妻子同名字的女人（不幸碰到不同名字的，千萬立刻爲她改名爲要！），這樣，他就可以放心作夢，妻子聽到丈夫連作夢也叫著自己的名字，立刻整顆心都著滿螞蟻了。

有一個問題：兩副一男一女的骨架（只有骨，沒有肉。是一點也不性感的裸體！）你如何分別那一副是男的？那一副是女的？根據聖經：男人的下脅少了一根骨頭。因爲上帝自男人的脅下拿了一根骨頭，而造了一個女人。難怪有人要說：女人是殘缺不全的男人。

世界上所有的戰爭都是極度摧毀性的，戰爭的方程式是１＋１＝０。唯有當戰場被縮小成一張床的時候，任何戰爭都只得爲生產而設計。尤其是當兩個敵人必須同睡在一起的時候，戰爭尚未結束，數學已成１＋１＝３了！

一九九二年十二月二十五日

哭錯棺材

封建時代的中國，「多子多福」是千古不變的社會信仰，尤其是在械鬥之風頗盛，強房欺負弱房的社會，人丁旺盛更是生存的眞理。

人丁衰微的房頭，不幸家主死了？，爲了身後榮哀，僱用孝男是中國人的頭腦才能發明出來的面子。一旦碰上兩位家主同時忘了呼吸，又一旦該兩位家主生前都不事生產，爲了不觸怒風俗，羞辱歷代祖宗，僱用孝男最是明智之舉，人蹺了本來就已經不幸，蹺了辮子，還要花錢僱孝男更加不幸，花錢而僱到糊塗的孝男：哭錯棺材，死人再被氣死一次，在人類史上，本來就不是一件什麼大不了的事，倒是餐館裡的炸乳鴿死了兩次之後再端上桌，對於食客才是一種實際的損失。

關於喪事葬禮的儀式，若不是自古以來就沒有經典之作，就是著作太多，於是形成眾說紛紛，莫衷一是；結果喪事葬禮之儀式的權威往往淪落爲：敬老尊賢。尤其是離鄉背井的華僑，更是特別尊敬那些新從唐山進口的老者的意見。很不幸的是；這些老者大多數若非患有健忘症，就是患有食古不化症。記錯了風俗，把儀式顚三倒四，反正一不犯法，二只要沒有人抗議，就算有人抗議，只要主事者乃系全族中年事最高的就一定對，（因爲他們相信人年歲越高，記憶力越好。）

而且只要執行者態度認眞，誠懇，就也可以算對，風俗儀式原本都是人創設的，臨時改良，創新一下，實在是一件非常値得獎賞之事。

佛說：萬法皆假。唯活用在乎一心焉。只是最難容忍的是食古不化症；試想現在是什麼時代了，中國人的喪家還在燒庫銀（古代的金融單位）給死者，姑不論死者對於這些俗禮是否還能笑納，不久以前還曾經看到有人燒花轎，現在都改燒賓士（Mercedes Benz）牌的汽車（反正紙做的汽車，無論牌子，價錢都一樣）。就算死者眞的能收到這禮物；假錢，紙做的汽車……這種玩笑，被騙的到底是死人？還是活人？

有一次參加了一位親友的出殯儀式，才知道儀式的導演竟然是一個啞巴。當一個人迷信之際，就算他是現任多個跨國機構之董事長，領導，指揮公司幾十萬優秀人員。當天，在他父親的出殯儀式中，那啞巴一句話也懶得說，只以手示意他下跪，他立刻就乖乖跪下了。吾友陳君是一位孝子，同時也是一位虔誠的基督徒。在他父親的出殯儀式的閉幕禮之際，因爲他是長子，風俗或者迷信要他背負他父親的遺像回家，陳君堅持自己的信仰，不背就不背，決不向迷信低頭，母親當然要兒子隨風入俗，於這生離死別的關頭，一向最孝順的長子，現在爲了迷信洋教，竟然變得如是大逆不孝。又生氣又痛心的母親不禁加倍流淚，陳君被夾在信仰跟孝道之間，精神幾乎分裂，淚流入心。結果還是由那個平素一向是逆子的二弟背負父親回家（老父是否要跟逆子回家？又是另一門高深的學問，幸好不是屬於本文討論之範圍），筆者於信仰基督教之外，時而研究佛經，並深信眞理不怕比較，眞理應該是越比較越清楚。（假如聖經有明文規定：基督徒讀佛經犯罪。那麼聖經一定是不堪一比，實際上聖經裡並沒有這麼規定，所以如果有人爲參閱佛經的基督徒定罪，這人一定是在假傳聖旨，說上帝授權教他寫第十一條誡命。）數年前有緣得讀唯識史觀，頓悟道濟（濟公活佛）因何大吃狗肉，蓋世間萬般諸法均屬假相，所謂：四大皆空，萬法皆假。萬法皆由心生，只要心中無肉，吃狗肉又何妨？經常見到許多人食素，素菜之菜譜卻儘是；素咕咾肉，紅燒全魚，等等名堂。當然大多是用豆腐做的，這種心中有葷的素食法，非但於修持無助，恐怕還會把尿酸提高，弄得筋酸骨痛。食素之首要主因是爲了不忍殺生，可能古時還沒有顯微生物學，無從知道一葉植物之中也生活著無數微小的眾生。素食者一旦來到顯微鏡前，詳細觀看一葉素，相信他們一定會頓悟食素竟會是一種欺小怕大，欺善怕惡的殺生行爲。

對於陳君之父的葬禮之聽後感才發表不久，家父也跟陳父一樣不爭那麼一口氣，乾脆放棄了呼吸。然而吾家非陳家，我們的家庭是百分百基督化的。喪事禮儀之中既無香燭祭物，自無環境污染、於香花吟詩之中我們追念思想父親對我們的愛，並檢討父親在生之時，我們對父親的愛，我們惋惜，我們流淚，當父親之遺體入土之後，想不到主持儀式的牧師竟然教我這個長子背負家父的遺像回家，還叮嚀我要一路叫著爸爸。像陳君這麼食教不化的人，如果他對朋友盡義，來參加老父的葬禮，也許他會因而得救。

本來應該是最脫俗的宗教，也難免都有一個共同的俗氣；就是廣告自己的發源地。

佛教的發源地是印度。所以佛教號召中國信徒死後往生西天樂土（西天即印度。玄奘和尚花了多年的青春往西天取經，因爲那時還沒有飛機，旅遊業也尚未發達，唐三藏只得委屈步行。爲了當時旅行之困難，當時的佛教只得鼓勵信徒於死後才務必投胎西天樂土，只是沒跟他們說：印度每年被餓死的人比中國多。）

回教也宣傳回教徒到麥加面聖。對於當地歷年的戰亂當然是絕口不提。

凡是基督教徒，誰不喜歡瞻仰聖城耶路撒冷的風采？為了耶路撒冷，十字軍殺了多少回教徒？回教徒殺了多少基督徒？雙方都宣稱為「聖戰」而殺人，到底是「放下屠刀，立地成佛」，還是「殺人成聖」比較合理？這種是非我可不管。只是每當華人教會的牧師宣佈：「我們的始祖亞當、夏娃。」我忍不住又要跟他抬槓了。聖經的第一本「創世記」很清楚記載的亞當之後裔的族譜可明明是猶太人的族譜，讀了創世記多遍，實在不能於亞當跟夏娃的眾子孫當中找到一位中國人。亞當的第二十一代孫雅各，為人最為狡猾，上帝卻特別愛他，教他改名為以色列。信猶太人發明的宗教沒有什麼不對，只要信者確信那是眞理。不過如果連猶太人的祖宗也要請來服侍，為示愼重，是不是應該先明瞭以色列的入籍程序？

一九九三年，元月二十三日（農曆元旦），馬尼拉。

馬尼拉灣的落日

咖啡匙中的白沙糖在飛射著，我不禁把手的動作凝結片刻，讓白糖以海沙的姿勢飛滿桌面，然後把盛糖的瓷器移玉到咖啡杯的身邊，再慢條斯理地另行盛了滿滿的一匙白糖，粉碎的甜蜜還是這麼潔白，失去了起飛的距離，一失足，就這麼輕易地犧牲自己，去改變這杯又濃又苦，又刺激的閒情，不遠處一群海鷗也被風吹得飛滿海面。

跟遠處的一群山脈在賽跑的一群浪，於無數的掌聲之中爆炸成純白的鮮花，一艘悠閒的遊艇把很新，很白，還沒有織上密密的洞的網撒在天上，下午五時，正好網著了落日的方向，遊艇是一邊翅膀伸展出海面，另一邊翅膀伸入海中，身體永遠沿著海平線飛行的海鷗，海平線上吊著很多新出浴的乳房，不停搖著赤裸得似乎見得到底的肚皮舞。

雪是浪跟山混合的雕像，蔚藍的畫布上，海分明被蒸發得比山高，時間被燃燒的過程是美麗的，就像青酸的芒果等待著黃金的成熟，菲律濱有的是用不完的天然資源，二十八卡拉的熟芒果汁每天被倒入馬尼拉海灣，如果玻璃的餐桌是水平線，落日是桌上就要被吃掉的熟透的芒果，黃昏的心情是蠻複雜的，每一分，每一刻，不停地在改變顏色，這麼一幅雄偉的心境，粗線條，濃烈的筆觸，色彩全不惜，用純正的足金，整個海，包括每一個透明的浪，也被鍍成二十八卡拉的黃金，馬尼拉灣的落日跟菲律濱的芒果有同樣的顏色，而且也同樣聞名於全世界。

沿著海濱大道的「菲人賭場」CASINO FILIPINO的賭桌上，下注之際通常是黃昏，因爲繼之而來的就是輸錢之後的黑夜，多少英雄豪傑爲了沉醉於這賭桌黃昏而傾家蕩產。

由馬尼拉大旅社(MANILA HOTEL)之窗口看去，就算日子已在褪色，他還是保持著偉大表演者的風度，每五分鐘換一件禮服，自馬尼拉大旅社的游泳池邊看去，現代的落日依舊保持著傳統的美，走出馬尼拉大旅社之大門，向倫禮沓大公園走去，天邊的雲全部在燃燒著，左邊，黎刹博士還站在公園的廣場中央，他臉上的落日是殖民主義久已褪色的光榮。

從海陸軍俱樂部的游泳池邊，跟美國大使館的屁股並肩看落日最爲前座，角度也最好，落日有時燦爛得令你不能正視，有時它則是天邊唯一鮮紅的傷口，有時落日就像椰子一樣，被纏在梳得很整齊的椰子樹的頭髮之中。

自咖啡的興奮之中，品嘗著落日的禪定，這種音響，只有宇宙中最大，最好的交響樂隊才能奏出如是悠美，偉大的靜寂，天邊一朵孤獨的雲伴著一隻孤獨的海鷗靜靜地飛著。

不知於何時，PHILIPPINE PLAZA HOTEL之窗口的燈光，已於馬尼拉混亂的星光之中點燃出一小塊整齊的繁榮。

野生人類

車子剛在街口的交通紅燈前停下，遮風玻璃上立刻出現了一塊布巾在亂擦著。你還搞不清這是怎麼一回事，那個比遮風玻璃更髒的孩子已來到窗前，伸出手來向你收擦玻璃的服務費。收服務費其實只是一種「表面禮貌」，骨子裡不難意會到多少有一點收保護費的味道。你這被迫接受服務者如果小氣，分文不捨，也無所謂。江湖團團轉，車不轉路轉，還是祝福你開車一路順利，輪胎上不會偶然出現了一根大鐵釘，或者新油漆的車身不會平空添了幾道十分破壞美感的花痕。

根據江湖掌故，這類招數是美國貧民區之黑人首創的，汽車經過美國貧民區，一旦有黑人糊亂地為你擦了一下遮風玻璃，而你如果敢裝傻不給五分美元(a Nichel)的服務費，他也敢認眞拿石頭把你的遮風玻璃刷了一個洞！本地這些野孩子顯然不可能是經過「留美深造」的，以普通常識推理，他們這些花招不外都是從電影中學來的。電影院就是他們的最高學府。

對於野生人類來說，電影院的一天，可能就是他生命之中最高的享受。大清早換上一身不野生的衣服，為了要利用城市人類的玩意兒，只得入風隨俗，事先還到公共廁所去入浴一番，然後再穿上那對只破了一個洞的鞋子。學城市人類這麼麻煩地以不自然的事情來束縛自己據說這就是進步。實際上，只有吃飯，大小便，睡覺是天地間最堂堂皇皇的正理。因而可以隨時隨地在公園裡，行人道，天橋下，或者路邊公開示範。歐洲某著名廣場中央就公開展覽著一尊不停小便著的小孩之雕像，據說還頗能吸引女性遊客。除了吃飯，大小便，以及睡覺之外，入浴與是非觀念，都只不過是多餘的浪費。比喻偷東西而不被抓到就是一種成就兼實際的收獲，不幸被抓其實也不能算犯罪。只不過如是的笨手笨腳，所謂勝者爲君，敗者爲賊也是應該的。在十字街頭討生活，看到的太多了。車子衝紅燈，有警察在場才算犯交通法律，而遵守交通法律的司機，一旦倒楣，碰到警察手頭緊，急需幾十塊錢周轉，於是隨時往雞蛋中挑骨頭地，製造一條交通犯規給你。總之，當橫街沒有來車，前面沒有警察，而還遵守交通法令，在紅燈之下等著的合法公民之類的司機就是傻鳥！那野生人類一邊在路邊攤買了三個漢堡包，一邊思考著，不覺已來到電影院門口，買了一張幾塊錢的入場票，一大早入場，晚上散場才出來。這中間包括大小便，午睡，上學深造等等拉雜要務；諸如昨夜公園裡的樹葉上，連一絲風之舞步的音韻也聽不到，子夜之後，蚊子們還成隊很勤勞地在加班。這時戲院中舒服的軟墊坐位，涼爽的冷氣，正好補昨夜睡眠之不足。先睡足了眠，再慢慢來把這部西片「神偷黑金剛」溫習幾遍，若能悟出一招半式，並且就地實驗一下，如果手風順的話，非但隨時即可撈回一張電影院的入場劵以及三個漢堡包的老本，還可蓄備雨天的糧草。

腦海中的思想才在轉動，交通燈已由紅轉綠。幾十年來在不斷增加車子而不能增加車路的比例之下，沒有地下鐵的城市，行車經常慢於行步。還好這時的車速剛好跟路邊那個正在做慢步跑的老運動家的步速一樣快。跑在前面的一輛貨車，後面貨倉的鎖因不平的路而令貨倉開了口，那個爲我擦玻璃的孩子一眼看到車倉中一箱箱的貨物，立刻飛身而上，那種矯捷的身手，簡直就是原始森林中豹子的身影。但見他一手握牢著貨倉門的把手，另一手飛快地把車中的貨物一箱一箱地搬運下車，路邊竟然隨時有人接應。配合之快，委實已跟那國際性的特務工作人員一樣的精練。等到前面那個後知後覺的押車大漢醒覺，教司機停車，開車門，下車這幾個程序，然後才來到車後，這時貨跟偷貨的孩子都早已消失在現代化的森林之中。誰說本地工人的工作效率差？

亞謹諾政權爲菲律賓帶回的這一個民主體制，稱得上是世界上最強健的。試問全世界有那一個政權能於六年之中經過八次軍變，以及無數次的罷工而不倒，最後還能建設了不少個天橋！亞謹諾總統卸任之前，只數月就先後建了八九個天橋，其速度很可能破歷代菲律濱公造署效率之記錄。如果讓她再連任，菲律濱很可能會成爲世界上最多天橋之國！大選之後，能源退步得幾乎追得上原始時代，綁架的技術進步得比世界上任何先進的工業國家更爲現代化。有錢的人「夾資外逃」，有技術的人則「夾技外逃」。連中學教師也寧願到外國去當傭人。藍慕士之政權左右各派叛逆進行大特赦，鼓勵全國各派重新友好調停。我不禁想起小時候跟玩伴玩好人與壞人的鎗戰，當意見不合，多人不守遊戲的規定，而把場面弄得不可收拾的時候，只好重新友好調停，來一次大特赦；殺人者免了死罪，被殺者再活起來，大家重新再來玩過。這次總統赦了叛逆們的死罪，並賜他們復職或恢復正常的社會生活。只可惜對於那些在判亂之中無辜被殺的許多善良公民，總統卻是不能赦免他們的死罪，也不能賜他們恢復公民的正常社會生活。不過，世界如何翻來覆去，人類到底應該多一點正義感與公理，或者應該多一點仁慈心與寬容？社會如何進步或者經濟如何落伍。這些問題，對於野生人類來說是一點也起不了影響的。他們也許手中拿著報紙在賣，但是對於報上的要聞則是漠然無趣，或者根本就是一無所聞。因爲就算連最後一位領受最低工資率的就業公民也被綁了，綁架之受害者還是輪不到他。他們是文明社會這架政治機器操作之下所產生的渣滓。人類理想中完美的機器在操作之下是應該不產生任何渣滓的，看來到目前爲止，人類尚未發明出一架眞正完美的政治機器。美國哈林(Harlem)區被黑人霸佔了，紐約(New York)市更是到處出沒著野生人類。在中國大陸福建省的石獅市，就有許多來自北方的野生人類。船才在印度靠岸，乘客把吃剩的麵包從船上丟下，竟然立刻有人自岸上跳入水中去撈！

每天，世界上有不少人類在現代化都市的垃圾堆中翻找他們的下一頓飯。他們每天的問題非但比那百萬富翁簡單了一百萬倍，比普通的市民也簡單了一百倍，甚至一千倍。因爲肚子塡充了之後，下榻的地方通常都不成問題，在地處亞熱帶的菲律濱，只要不千愁，不醒萬事休！只是一旦不幸處身在寒帶的冬季，野生人類是否也賦有冬眠的本領？在溫暖的季節，森林中的野生動物跟城市中的野生人類的生活方式基本上可說是一模一樣。唯一不同的只是：野生人類的原始森林是現代化都市的建築物；參天的高樓大廈，高速公路，重疊的天橋以及地下鐵路。

大白天，一個長時期沒有洗身，全身連衣帶肉都黑油油的人類，躺在行人道睡他的大頭覺。任何室外平直的地方就是他的床，這才是眞正的到處爲家！他有的是睡不完的時間。行人道一邊是一座摩天大廈，業主由第五十樓的窗口呆呆地注視著那個在如此忙碌的周圍還睡得下的人類。

大廈的業主似乎已擁有一切，只是他的時間已被精密地瓜分；簽合同，看營業報告，開董事會議，赴某大企業之開幕禮並爲之剪采，某議員請客……等等無完無了的公事及應酬。他是一隻努力作繭的蠶，起初是他設立制度，後來是制度在支配他。他已經再也沒有屬於自己的時間，時常，連睡眠對他也已經是一種奢侈。

現代化的城市都俱備有最先進的治療設備，電腦精密的健康檢驗以及病理分析。設計精美，高貴的病房之中還有那感情絕對衛生，服務無微不至的白衣天使。這一切似乎已經接近了十全十美的境界，似乎就已經是天堂，只可惜這天堂只存在於野生人類的信仰之神跡中，爲了野生人類付不起醫院昂貴的入院定金，所以他們是天生地養，免疫能力特強，森林中的野獸不需獸醫去侵略牠們的自由，只要吃日本菜用的筷子不要把森林用後丢棄得太快。爲野生動物保留著一個家，爲人類保存住一個不再水災，視野青翠，天空新鮮的地球，養鬥雞的老兄，時常刻意讓心愛的鬥雞生長在野生的環境，以便牠們能記得那原始的根性，那野蠻的鬥志，並讓牠養成野生動物特強的免疫能力。有些人不幸養了一位多病又多話的老父，乾脆把他趕出家，野生的老父，自然就沒話又沒病。兒子的一番深意，唯有養鬥雞的老兄才能體會。

迷信

凡屬思想正常的人類，一定很難了解一些中國人的一些古怪行爲，諸如：企業虧本，不去研究企業管理，力求提高產品之質量，降低成本，加強推銷計劃等等，而是努力去把廠房之大門自東移到西，或將向北的窗戶封掉，或將辦公桌的方位不停改變，有時還在各門窗上掛滿八卦（有一些還外加照妖鏡!?）、符咒，結果，事實證明此等企業，如幸而早不倒閉，其規模亦每較西方企業小了數百倍，甚至數千倍。

只要有普通常識的人，應該不致於相信，像義和團一般人的一派胡言：什麼「散豆成兵」、「呼風求雨」，任何人只要吞了神符，保險「百病皆除」、「鎗炮不入」（當然是指不穿避彈衣而言），滿清皇族就偏偏深信了這種神仙故事，大清帝國的執政人才之智商(I.Q.)跟三歲小孩一樣，清朝沒有早一點倒台，實在對中國歷代其他王朝很不公道，這種幼稚的事實記載在近代史上，因讀之而活生生被氣死的知識份子，爲數應該不會少。由此可見，迷信者是一群缺乏求證？精神及勇氣的人，他們抱著：「寧可信其有，不可信其無」的哲理，迷迷怯怯地相信著連篇鬼話的糊塗蟲。

迷信的人就幼稚得像小孩，記得小時候，祖母對我說：「故老相傳，千萬不可以手指月亮，否則你的耳朵會被割的！」那迷信的魔力，一直潛伏在我心靈深處，直到那天當我讀到孫中山先生，把廟裡菩薩的尊手與尊腳全扭斷了，他回家後頭也不發燒，肚子也不痛，長大了還當了中國的國父，當夜我也正式向迷信宣戰，在害怕得要命的祖母面前，我以向孫文借來的膽子，用手直指月亮說：「祖母，你看，今晚的月亮多美。」，耳朵果然沒有被割掉，之後我更時常對著月亮指指說，耳朵旁邊都未曾風聞任何刀聲劍氣，不久之前美國太空船登陸月球，美國人用腳踏它都不怕，我只以手遙指還怕什麼？不曾進過學堂的祖母的傳說，把我害苦了多年。

有一部份中國人特別迷信語音，一面八八八（發發發）（發財或發達之意）號碼的車牌，截稿爲止的時價爲二十萬港幣，四四四（死死死）號碼的車牌，只要看到都算倒霉，八與四同爲數字，本身自無吉凶可言，假設不用四，專用八，我不能想像商業之賬目怎有可能被計算，不能算賬，何來發財！？又廣東人每逢春節，家家戶戶門前都得掛了一串桔子，取其吉音也。

迷信，不管是被人騙，抑或是自己騙，畢竟是思想的毒藥，進步的拌腳石，信心能移山是心靈的境界，也可是宗教的口號，但絕不是科學的報導。

一九八七年十一月廿日脫稿於菲京

正面思考法

一家製鞋公司派了一個推銷員到非洲，這個推銷員到達非洲之後，對非洲的市場，經過一番詳細的觀察，透視以及結論之後，以快電給了母公司的外銷部一份報告：「此地沒有人穿鞋子，故此地之鞋子的市場爲零，吾等應另覓目標。」圓滿的達成了他的任務，該推銷員遂收拾行李，乘了飛機回公司。

一個月之後，這家製鞋公司再派了另一個推銷員到非洲。這個推銷員到達非洲之後，對非洲的市場，經過一番詳細的觀察，透視以及結論之後，以快電給了母公司的外銷部一份很緊急的報告：「此地的土人從來未曾見過鞋子，因爲從來還沒有人到這裡來推銷鞋子。我以手頭帶來的幾打樣品示範，教他們如何穿鞋子，土人一領會了穿鞋子的好處，全部落的反應好得令人驚奇。我可以確定，本公司已成功地在非洲製造了購買本商標的鞋子的風潮，今後本商標在非洲將成爲鞋子的代名詞。我只希望公司今後能全力支持非洲的銷售量，目前土人都爭先恐後地來推銷處訂貨，請儘快運來幾個貨櫃的鞋子，不計新舊款式，只要是鞋子就行，要不然，土人就要把我生吃掉了！」

這家鞋公司非但以高價賣掉多年來的庫存，還壟斷了非洲的市場數十年。而第一位推銷員當然是回家去細細品賞他的那碗炒魷魚飯，而第二位推銷員卻被升爲公司的總推銷主任，享受高薪，外加多種優惠及紅利等等，並一直過著富裕幸福及快樂的生活。

上述的故事就是正面思考法之典型的事例。正面思考法能轉失敗爲成功，正面思考法能改變你整個生命的過程。當你的頭腦達到正面思考法的水平，成功、幸福以及快樂的生命是必然的得數。

立大志是正面思考法的另一個名字，一個對於生命有絕對，明確的目標，而且能終生力行以致之的人，是一定會成功的。最近，李小龍的洋太太把李的遺物拍賣，其中一塊很值錢的遺物是；李小龍於在生十五年之前親筆立大志的遺墨，而李先生當時到底立了什麼大志？李小龍於在生十五年前立志，他十五年後要成爲國際級的明星！可見正面思考法簡直就是預言。

如果沒有正面思考法，科學之革新以及現代化的技術是不可能的。沒有正面思考法，人類整個的文化，如果不是在往後退，至少也會停留在原始時代。

禱告令人類之潛意識中的精神活耀起來，意志的白熱化就是正面思考法的極致，所謂精誠所至，金石爲開。當燃燒的意志令潛意識中的精神力達到白熱化的程度，很可能就會有神蹟的產生。因爲凡人類之頭腦能想像得出的，都能被達到。堅持不斷的正面思考法就像自屋簷上滴下來的雨水，一滴，一滴地，慢慢的屋前的那塊大清石也被刻了一個洞！

心理的狀態能直接影響生理的狀態，據傳有一個很稀罕的病例；一個患肺癆的人跟一個染有傷風感冒的人同時去找同一個醫生。該醫生是作了極精確的診斷，他把診斷報告交給他的護士，而這位美麗可親且感情十分衛生的護士於分發診斷報告之際犯了一點小錯誤，而這一點點的小錯誤之後被證明爲極端的致命；分發給那位患肺癆病人的診斷報告是：先生所染只是傷風感冒，請多吃補肺的維他命，多休息，多歡樂，勿憂慮。而分發給那位染有傷風感冒病人的報告是：很抱歉的告訴你，先生所患的是肺癆！（那時代，肺癆就像現代的癌症，是無藥可治的。）信不信由你，結果那位染有傷風感冒的人最後竟死於肺癆，而那位患有肺癆的病人卻因傷風感冒而得康復。

任何人如果一直想像自己有病，最後他一定是會有病的。神經分裂就是這類病典型的醫學病例。

月球有兩面，向著太陽的一面永遠是光明的，而背著太陽的一面，黑暗永遠降臨於其上。很幸運的，向著地球的一面一直是光明的。

你就是你自己思想的產物，你必須用正面思考法。

後記：這文的原稿是以英文撰寫的，它是我於The Diamond Toastmaster Club發表的演講詞。

三月十二日，一九九四年譯成中文

快樂是什麼

人類的感受，嚴格以自然科學的觀點來說，是極端不可靠，同時也不準確的。比喻；極冷以及極熱的感覺，於感受上似乎是沒有分別的。甚至由極冷到極熱之間的不同層次，程度的冷熱感受，也是由比較而得。一杯半冷不熱的水，當它被跟一杯極冰冷的水比較之後，是會被認爲是一杯溫熱的水的。速度也是相對的。比如；兩個物體以不同的速度，以相同的方向，在一條直線上前進，那麼那個速度比較慢的物體對於那個速度快的物體而言，那個速度慢的物體不但不是在前進而是在向後退。

快樂是一種精神的境界，它的標準因人類的情緒、境遇、生活環境、理想、信仰、興趣等等不同的因素而改變。有人認爲能夠吃到一個漢堡飽及一瓶汽水就已經是他一生之中最大的快樂，有人則天天山珍海味，魚翅鮑角還是鬱鬱不樂。又如苦練某種運動對於運動選手來說是一種快樂，但同等的勞動對於另一位先生而言卻是一種痛苦的體刑，一部份的人類主張抑制情慾，修心養性是一種快樂。然而另一大群的人類卻深信放縱情慾才是最終極的快樂。年青時的快樂是企圖撑起竹竿跳過天邊的彩虹，而年老時的快樂只是不須輪椅能平穩地走出幾步。可見快樂也因時間、年紀，以及健康狀態的改變而產生不同的標準。

釋迦牟尼先生就是一位不了解快樂是什麼的人，他生爲印度王子，錦衣玉食，呼大風就立刻有颱風，喊要小雨皇天就不敢下大雨。生活在幸福之中的人通常都不知道幸福是什麼東西。釋氏爲了追求最終極，最絕對的快樂。寧願放棄了權力，美眷，以及一切物質的享受，出家修練苦行。其實他此種受苦跟印度每天因饑餓而死在路上的人所感受的痛苦是完全不一樣的。釋氏的苦行是自家追求痛苦。得賞痛苦之後理當是有一種滿足的快樂。而印度成千上萬饑餓的窮人卻是痛苦每天在追上他們。他們時刻都可能面對生命的絕望。這些人的快樂很簡單；只不過是幾片麵包以及一杯清水。而釋氏所追求的快樂的確是太高級而且也太複雜了。本來一切生物最基本的快樂不外是生存，輪迴實則就是生命的重演，但釋家卻一口咬定人生是苦海，輪迴就是痛苦的重覆。佛家認爲人只有「永遠死」才能根絕一切的緣法。因爲快樂跟痛苦實際上是相生相對，互爲因果的。有快樂才會有痛苦，反面的來說，沒有痛苦也不會有快樂。這本來就是因果循環，正負陰陽的定理。而萬法皆由心生，一架只被切斷電源的電視機固然是六根清淨，心無點塵。但是，只須一根指頭，輕輕的一按，就能打開了無數的世界。這些大千世界，有黑白單調的，也有五彩繽紛的。可以令你憂鬱不歡，或令你開懷大笑，也可令你引亢高歌，或令你悲傷淚下。總之任何人一旦被捲入這凡俗的大漩渦，擔保萬世不得超生。人只有「永遠死亡」才能自這生命的惡性循環之中得到解脫。永遠死亡就是把一架電視機徹底的毀，而不是暫時的把它關掉。永遠死亡就是永遠安息，永遠安息就是最終極的快樂，就是涅槃(nirvana)。釋氏對於快樂的要求太完美了，太絕對了。（實際上太完美及絕對的東西是根本不存在的）他對於快樂太苛求了，太不知足了。試想：美滿的家庭，寵大的王國，健康的身體。他就一定要認爲這一切都是假的，都是空的。他要讓時間停下來，讓這一切都成爲絕對的。天長地久，不老不變的快樂。就像那一幅摩娜妮莎的微笑一樣，千古不朽。其實摩娜妮莎的微笑流傳到現代也已經老了。假設現代某場結婚宴會中，新娘子的長相跟名畫中的摩老處女一模一樣的話，賓客們的心底裡一定會暗中一致公然默認新郎的確是老謀深算。（不是嗎？爲了妻家財，將就委屈一下。反正老妻過門之後大概也不會久於人世，屆時年少喪妻，家財萬貫，就是不登徵婚廣告，年青，性感，又會唱歌的才女，一定相爭來投懷送抱。）

被愛固然是一種快樂，但是被愛這種快樂的心態畢竟是比較自私的。愛別人才算是一種渾然無我，博大精深的快樂。可惜這種快樂也被佛家否定了。佛家不贊成結緣。因爲結緣就是痛苦的根源。一個跟你完全沒有關係的女子，假如她被綁架，又被強姦了，然後再被毀屍。你不過是搖搖頭，嘆息一聲罷了。假設這女孩子於未出事之前，在一個偶然的機會中跟你邂逅了，雙方聲氣相投，興趣吻合。之後很自然地感情突飛猛進，正是：昨夜才夢見妳我還是陌生人，醒來卻發現彼此已深深相愛著。上述這一段相見恨晚，如，膠似漆，難解難分的緣份是甜蜜的，快樂的。不過前一段的快樂越大，連接在後一段（即該女子被綁架，強姦，毀屍這一段悲慘的事實）的痛苦就更大。所以佛家反對結緣，不管是善緣或者是惡緣，一切的緣份都是痛苦的根源。比喻結了善緣，就產生了朋友、愛人、夫妻、父母、父子、兄弟等等的得數。這些得數起先帶給你快樂，但是之後必定因生離死別而給你帶來痛苦。而且前段的快樂是跟後段的痛苦成正比例的。

有幽默感是一種快樂。能盡情而笑的人是快樂的。皮笑肉不笑的人是痛苦的。笑是痛苦的止痛劑。現代人的人生哲學是曾經擁有過就已經是快樂，而傳統的觀念卻以為必須永遠佔有才算是快樂。其實世界上沒有任東西是永遠的，海枯石爛的情，五世其昌的物質富貴，都是過眼雲煙，這一切都是暫時借給你的快樂，你一旦忘了呼吸，就也得忘了這一切，就連一分情，一分錢也帶不走。所以人類必須承認並接受這個殘酷的現實，才能把自己從痛苦的深淵之中救贖出來，盡量把握這短暫的擁有，盡情的揮霍。因爲銀行裡存在你戶口名下的錢也不算是你的錢。錢，必須等你把它花掉之後，才眞眞實實的算是你的錢。很奇怪，全世界最聰明的猶太人卻永世參透不悟這一道頗簡明的眞理。對於猶太人來說，賺錢是一種快樂，花錢是一種痛苦。

有人把自己的快樂建築在別人的痛苦上。做愛要算是一件被世人公認爲最快樂的行爲。但是此種快樂的定義卻極限於情投意合的情人與夫婦。因爲同樣是性行爲，於一場充滿暴力的強姦罪案之中，色狼的快樂是被強姦者的痛苦。又如人類史上最古老的職業；賣淫。嫖客的快樂是建築在娼妓的痛苦之上的。由此可見同樣的一種行爲，因爲不同的立場，情緒以及觀點，對於某些人來說是一種夢寐以求的快樂，而對於另某些人來說卻是悲慘的痛苦。又如我的一位老友畢生日思夢想的最大快樂就是能跟他的姨太太（阿二）來一次第二春的蜜月旅行，而這種行爲卻是他元配夫人此生最深痛惡絕的大恨事！

於某次宴會之中，一個回教的教父與一位天主教的神父並鄰同坐在同一筵桌。當侍者端來了一盤火腿，那位天主教的神父拿了數片之後，看到身邊那位回教教父一片也不拿，就問道：「這火腿煮得不錯，你爲什麼不吃呢？」

那回教徒的回答是：「我們的宗教禁止我們吃豬肉。」

過了一會，那位天主教的神父吃完碟中的烤火腿，又從盤中拿了幾片，同時又跟身邊那回教徒說：「這火腿烤得很好，味道眞是不錯，你爲什麼不試試看？」

那位回教教父就是堅持回教徒不吃豬肉。

終於，宴會是將近曲終人散的時刻了。臨走之際，那位回教教父問那天主教的神父：「先生，你曾經試過跟你的妻子做愛嗎？」

那天主教的神父臉有怒色：「你是知道身爲天主教的神父，我們是必須戒色慾的！」

回教的教父笑著對那天主教的神父說：「先生，你爲何不試試看，你知道嗎，做愛比較烤火腿的味道不知要好了多少倍！」

可見，不同的信仰也製造出不同的快樂標準。

明知無稿費而為之

菲華文藝界獨享的「優越感」：寫作註定是一種勞民傷財的嗜好，寫作跟飲酒一樣浪費時間，又容易上癮，寫的東西萬一得罪了人，吃官司或者被暗殺之機遇率頗大，不傷人的文章就是寫得再好，也得倒貼讀者「讀費」（罵人之文章，至少被罵者擔保會讀，讀後還拍案大叫不已！）菲華那些妄想靠稿費「致富」的作者，大多已餓死乾淨了，倖剩一兩位體質特強者，也都患了嚴重的營養不良症，菲華作者註定得努力創作又努力解腰包，寫作是一種昂貴的娛樂，放下許多賺大錢的機會，而聚精會神地來寫這種叫賣力頗低的「大作」，對自己的虛榮心實難交代，現代詩人更慘，一直被那些不懂現代詩，而偏愛戴上古詩面具的現代人忌妒、攻擊著，我猜，現代詩一定是一種利頭奇大的作品！

寫作的壞處儘管這麼多，還是有這麼多的同好不計犧牲，出錢出力（應該得說浪費金錢與時間），委實是「傻得可愛」，大可以這股「傻勁」傲視世界文壇，至少我們是「不爲稿費折腰」的小數貴族，明知不可爲而爲之，爲了這「害人不淺的興趣」，寧爲丐幫，不爲富商，丐幫人既然都生就了一身鐵骨頭，不爲什麼，純粹爲文藝而文藝，我們確信大家的理想是正確的，如果我們的判斷被證實爲錯誤，眞理亦將成爲錯誤。

懷泥水兄

當我的二弟於五年前因急病過世，我並沒有為他寫哀悼的文章。泥水兄於兩年前逝世，我寫了唯一一篇哀悼的詩。

泥水兄在未臥病之前，跟我們這班死黨似乎是每星期中都有多夜在一起，在卡拉ＯＫ之中，大家唱歌，談論詩文，當然偶爾也喝了那麼一點點的酒。泥水兄一向就喜歡把快樂跟大家分享，而把痛苦藏在心裡。還記得於酒後閒話之間，泥水兄不止一次如是地感慨：「蔡秀報、亞薇、王國棟、芥子都去了，這一輩份的現在就只剩下了我，恐怕下一個就要輪到我！」每次我總怪他太消極，太悲觀了。直到泥水兄走了，我才頓悟他說這話時，心中實已隱藏著嚴重的憂愁。只是他從來就不甘讓兄弟們為他分擔一絲絲的痛苦，甚至他最後一次進行甲狀腺的手術，還騙說他是為了一點私事到宿務市去。大夥兒有時偶而出了什麼差錯，泥水兄總是這麼安慰大家：「這分鐘，不必緊張。」

泥水兄是眞的走了。現在我們追念著他，但是我已不再為他哀悼。因為悲觀地，我認為生命本來就是一場治不好的病。這條路，早走沒什麼值得悲哀，遲走也沒什麼值得欣慰。而樂觀地，我認爲生命是一場很長很長的夢。誰先醒，誰就比較快樂。

Nov 28th, 1993.泥水兄之遺作「片片異彩」於Aloha Hotel coffee shop發行。以上是我於會中追思泥水兄的感言。Dec 5th, 1993凌晨整理成文稿。

中正十九屆的傷口

——時間是否能治療我們的傷口？——

年青人的思想永遠是活在明天的，年青人的口號是：朋天會更好；老年人的思想永遠是活在昨天的，老年人的口號是：昨天是那麼美好。打退三十年的我多好。自認年老的人都生活在往事之中，對他們來說，回憶就是他們每日的新聞，太喜歡回憶就是「老之將至」的現象，當一個跑手，回頭向後看之時，他是注定要輸了。

不認老，就得不回憶往事，然而也須稍有自知之明，不會太理想化得，只顧等候那充滿希望與夢想的明天之來臨，明天有時是比較遠了一點的，其實，最實際的是今天，是現在。

談到現在，親愛的十九屆的同學們，大家都已年屆半百，自誇「勇」就像清朝兵，勇字是寫在兵服背後的，八國聯軍的子彈自前面打來，照樣遵命倒下，因此按時作全身健康檢查是當前要務，欣逢中正十九屆級友聯誼會三十週年慶典，身為十九屆的一份子，為了愛護十九屆級友聯誼會，特地為之作了一次全身健康檢查，菲律賓中正學院高中第十九屆級友聯誼會的全身健康檢查報告顯示：該十九屆在中正學院眾多校友聯誼會之中是最活躍的，最富有活力的，可惜美中不足的只是：該十九屆心中竟有一個傷口，這個傷口已流膿發炎，歷時多年，據說也曾經聘請過多位名醫治療，奈何傷口至今尚未合口，我認爲治療這傷口，比較慶祝三十週年更有助於十九屆級友聯誼會之健康。

爲了大局，不回憶也得回憶，回憶小學時代，下課鐘一響，同學們從二樓爭先恐後趕著下樓，有一位比我高年級的同學，一掌把我從二樓推到一樓（不是乘高速電梯，當時學校還沒有電梯，大概那時的校友比較小氣，只捐建木材做的樓梯），更不幸的是，我那時尚未開始學習中國功夫，頭重腳輕（頭比腳大，故較之重也，聽說學了中國功夫，腳就會比頭重。）自然是頭先著陸，跌得頭破血流，雖然兩眼看到四周全是星光，可是我的臉上卻沒有半點光彩，我的自尊也跌在地上，再也站不起來了，學校當局因事體嚴重，即時拿該兇手嚴辦不在言下，事後我以冷靜的理智來分析，該「王八」推我的動機，很有可能是無意失手，也有可能是欺我太瘦，也有可能嫉妒我年紀比他小，卻長得比他高，或許他就乾脆看我不順眼，總之，當時我的確是有天大的冤情，小小的心靈中，已懂得立下重誓，此仇不報非君子，君子報仇十年不遲，大不了等我長大了，等他長得老了，再來解決他也非不可，三十幾年之後的幾年前的最近，我們眞的碰頭了，本是冤家路窄，仇人見面分外眼紅，我們兩個人是眞的眼都紅了，兩個人緊緊握著手，若非彼此都同樣受的是東方傳統禮教，習慣強行控制，保留內心深處的感情，我們是會擁抱在一起，痛痛快快地哭一場，試想數年同窗，旦夕相處，不同班總也是同一個大家庭，這種緣份，一生之中能有幾回，同學簡直就是兄弟姊妹，就是親戚手足，不錯，我們不是一般尋常的血緣關係，同學是文化的血緣親屬，是比較平常普通的血緣關係昂貴一點，高尚一點的，文化血緣可以說是屬於另一種貴族的血統，我們自命是有學問，有涵養的貴族，當親兄弟生活在同一個家庭中，這段期間，是他們身體長大的過程，而當同學生活在同一間學校中，這段時間，是大腦成長的過程，如果說血比水濃，那麼我要說腦汁比血液更重要，因此我們怎可不珍惜這一份感情，有這一份福，多年在一處受教育，受造就，佛說這是要幾生才能修來的，如果我們還堅持成見，還一定要心胸狹隘，還必須斤斤計較著是是非非，還勢必分辯出誰長誰短，本來應該是親切的老同學，爲何還要互相記恨，而不能彼此寬容大量，豈不枉費了大家都讀了一大堆聖賢之書，或許我們已連最基本的人性也沒有了。

我相信，時間是能治療我們的傷口的，只要我們尚有愛心，尚能了解人類都難免會犯錯(TO ERR IS HUMAN)，體諒別人，寬容別人對自己的心靈是一種解放，一種快樂，不能原諒別人就是進一步山窮水盡，能寬容別人就是：退一步海闊天空，同窗多年，這種機緣，一生之中能有幾回，憑這種文化血緣，任何恩怨都能擺平。親愛的十九屆同學們，你們知道嗎，西方人所以能超越東方人，他們的秘密是：分開我們都將倒下，團結我們就能站起來(DIVIDED WE FALL, UNITED WE STAND)。願大家不計小節，放眼大局，我深知，十九屆的同學全是有氣度的，而且事隔多年，我相信，時間是能治療我們的傷口的。

一九九〇年八月廿四日稿於浸在水災之中的菲律賓首都

辛墾文藝社簡史

六十年代的菲華文壇上，純粹由青年人自發自動，純業餘、純文藝的團體之中，我印象最深的當然要算辛墾文藝社，次之有自由詩社、耕園文藝社、青苗文藝社、星座詩社、飛雲文藝社、以及默社。

在上述的文藝團體之中，最先有定期刊物見報的是辛墾文藝社，我於高中一年級（約略是一九五七年間），向新閩日報每星期六出版的週刊借得一全頁，命名辛墾集，下首大字書寫：「平凡主編」，當時主編新閩日報週刊的是綠石女士，她老人家好像經常故意忘記，沒有把自己的名字排上，不像我這麼理直氣壯，大字書寫不夠，還得製版，把辛墾集——平凡主編的字樣畫在一起，成爲版頭，這樣辛墾與平凡就永遠連在一起了，不過我從來不敢把「平凡主編」四字寫得比辛墾更大，我一旦這麼做，除非讀者都不懂漢文，否則一定會動眾怒。

初期的辛墾集實係個人著作集，所刊登的全部是「平凡大作個展」，後來採取門戶開放政策，歡迎讀者投稿，得到熱烈反應，當時自動來投稿者有：庭賢、春明、白凌、林榮快等人，因朋友關係而供稿的有：寒松、雲龍、李炳武等人。庭賢家住納卯，辛墾結社後，他是最先出版個人詩集的，他的詩集列入辛墾叢書之一，春明原名張昭明，是菲華防火會第一位爲搶救火災而當場殉職的中國人，死後還得到菲律濱國旗蓋棺的榮耀。

辛墾於一九五八年間正式組織成社，定名爲辛墾文藝社，這時的辛墾社，人才鼎盛，先後加入陣容的有：雲谷、藍燈、靜銘、浮雲、秋文、晨夢子、忍冬、海嘯、海雁、李亭、幽蘭、朝陽、蘊蘭、佩芬、和權、秋笛、吳勝利、陳一匡、陳金山、若迅、凡人、劍虹、浣紗女、施愛月、奕基等等。

這時的辛墾文藝社，文藝版圖最大，園地最多，横跨當時四大華報，其分佈如下：新閩日報——辛墾集，華僑商報（就是現在商報的前身）——採擷集，大中華日報——鳳歌集，公理報——市聲集，之後又在大中華日報增加一個專門刊登詩的園地名——「詩葉」，辛墾社的核心份子，同時期又在華僑商報周刊組織了一個默社；這個定期園地則比較重於刊登諷刺性的雜文，後期又與飛雲文藝社聯手出版「飛採集」，說一句很誇張，很驕傲的實話，歷來菲華文藝社，以辛墾文藝社擁有過最多的文藝園地。

在活動方面：辛墾社經常舉行學術講座，有多次借中正學院（當時還是中正中學）的課室，先後聘請過王福民師（王老師是很有學養的國學家及書法家，他是我高中時代的級任老師。「辛墾集」、「採擷集」、「市聲集」、「鳳歌集」以及「辛採集」，都是他老人家命名），朱一雄、王藍、王生善等人擔任講員，同時期又與學林（當時一個很活動的科學團體結成姊妹社），聯手舉行過多次科學、哲學及文學性爲主題的學術講座。

關於辛墾叢書，歷來辛墾社員出版個人詩文集者頗多，被列爲辛墾叢書的有庭賢的詩集、雲谷的詩集：「黑色的回音」（序是余光中先生寫的），辛墾社第一本集體詩文選：「辛採集」也在此期間面世。

六十年代的後期，因大部份社員畢業了高中，都得棄文從商，這期間辛墾社的功臣，就是陳一匡社友，陳君擔起辛墾這麼多園地的重任，直到軍統，華報被迫停刊，所以如果辛墾文藝社要設立什麼名譽職，陳一匡社友，才眞正是可當之無愧。

軍統之後的七十年代末期，菲華文藝復興的時期，耕園復刊了，辛墾集也借聯合日報版位復刊，同時辛墾文藝社與耕園文藝聯手發起菲華文壇季刊。於八十年代又聯合耕園文藝社、千島詩社先後舉行多次學術講座，以及座談會。又承太平洋經濟文化中心代表之邀請，與當時最有代表性的文藝團體合力籌備在菲律賓舉行的第二次亞洲華文作家會議。

辛墾文藝社軍統之前，所出版的文字以及活動記錄，都被當時負責收存者失落了，我只是憑記憶略提一二，被遺漏掉的，一定不少。

一九八八年六月二十四日

近代的菲華現代詩壇

菲律賓有七千多個島嶼，世界上最深的海就藏在這些群島之中，首都馬尼拉就有五份華文報紙，讀者散佈在千島上。

菲律賓生產的芒果與落日，在世界市場上，顏色與身價是一樣的黃金，不過這島國還有一樣更昂貴的土產：「軍變」，在最近五年中，菲律賓有過七次的軍變，爲全世界軍變之第一名多產國家，有時，軍變還有預告，結果七次軍變全難產了，可見菲律賓的民族，是一個厭惡暴力的民族。一九八六年二月的不流血革命，更顯明菲律賓的人民是愛好和平與詩的。

軍變、革命並不怎麼影響菲華文藝，影響菲華詩文壇最大的菲國政治大事乃是一九七十二年至一九八一年的軍統，這九年，是菲華文藝的黑暗時期，菲國文藝副刊與雜誌全部被令停刊。這九年期間，菲華文藝呈現絕對眞空，這眞空地帶，在菲華文藝史的日曆上，形成一條很明確的界線，把近代的菲華文藝史分成兩半，一九七二年（軍統）之前二十年，爲五、六十年代時期，一九八一年（戒嚴令解除之後，到目前十年爲近代菲華文藝復興時期，這樣劃分，對於報導近代菲華文藝史實，就像歷史家有了公元一樣，會更方便、準確。

軍統前二十年（一九五十年之間）的菲華詩壇，這時期流行的詩叫「新詩」（以別於古詩或傳統詩），其中有五四時期的新詩風格，有歌謠式的，有模仿印度詩哲泰戈爾風格的，其中有一部份還有押韻。這個時期的菲華詩壇根本沒有「現代詩」這個名稱。「現代詩」乃六十年代期間（軍統前十年左右）才自台灣進口的，記得當時因爲現代詩常用象徵手法，看不懂的人就指責「現代詩」爲謎語，當時爲了詩觀，在文藝副刊上時有論戰，菲華六十年代的現代詩，畢竟是新進口的「精神食品」，消化過程不會太快，因而這時期的菲華「現代詩」，詩人很多，但大部份的作品仍在模仿或不成熟的階段。

菲華文藝復興時期（也就是軍統解除後的最近十年間），可說是菲華現代詩的黃金時代，這期間，許多五、六十年代的詩人東山復出，如今，他們的詩風已隨年歲平實了，詩作也成熟得多了，這時期又有不少自中國大陸、香港、台灣以及其他世界各地移民來菲的新血，加上近年來旅遊業的興旺，世界各地詩人的交流於這十年間，進步最快。

軍統戒嚴令解除是一九八一年，菲華文藝復興了；文壇呈現空前繁榮。然而純碎爲現代詩社的組織，還得等了三年後，而且是由一群詩壇新人於一九八四年成立「河廣詩社」，成員是，蔡銘、寒冰、詩雁、張斐然、孤鵬、心簡「河廣詩社」不定基地在菲華時報、岷江潮副刊推出「河廣詩刊」，可惜只出版了八期，詩雁去了美國，張斐然去了台灣，「河廣詩社」遂告解散了。

在菲華文藝復興後的現代詩壇，「河廣詩社」就是一顆彗星，出現早，光度不錯，可惜存在太短暫。

近代菲華文藝復興之後的菲華現代詩壇，人材鼎盛，規模及組織最大，最具代表性及對於菲華的現代詩運具有絕對的推動力的現代詩社是「千島詩社」THE THOUSAND ISLANDS POET SOCIETY。

千島詩社成立於一九八四年底，組織成員有月曲了，陳默、白凌、吳天霽、王勇、蔡銘、林泉、和權、謝馨、佩瓊，這群現代詩人刻意選擇一九八五年的情人節（二月十四日）推出「千島詩刊」創刊號，並於這浪漫蒂克的日子成立「千島詩社」。

初期的「千島詩社」不設社長制，僅安排一位財政，三位編輯，因爲編輯態度認眞，還不到一年，「千島詩刊」無論在質與量方面都足以代表菲華現代詩壇。「河廣詩社」星散之後，千島詩社成爲菲華文壇唯一的現代詩社。

一九八五年中，第二屆亞洲華文作家會議在岷市舉行，「千島詩社」亦被邀請參加籌備及主辦該次會議，會議開幕後，千島詩社並舉辦一場現代詩講座，特邀請飲譽國際的詩人許世旭博士主講。

短短的數年間，千島詩社舉行了不少奮興詩運的活動，規模日漸壯大，社員與日俱增，並設社長及副社長制。

一九八七年，千島詩社配合「王國棟文藝基金會」、「辛墾文藝社」、「耕園文藝社」，創辦「菲華現代詩研討會」，邀請台北詩人團洛夫夫婦、白萩夫婦、向明夫婦、張默夫婦、辛鬱夫婦、張香華、蕭蕭、管管、許露麟、連寶猜、以洛夫爲團長來菲訪問。分別假菲華商聯總會大禮堂，中正學院大禮堂，以及菲華文教服務中心舉行了多次的講習會，在一向寂寂的菲華現代詩壇，千島詩社這次吹出的號角聲響，是歷來最嘹亮的。

目前的千島詩社可謂集菲華文壇之精英於一社。

社長平凡爲菲華辛墾文藝社之創辦人以及辛墾文藝社永遠名譽社長，亞洲華文作家協會菲律濱分會常務理事。菲華文聯文學顧問。

副社長月曲了爲菲華文藝協會理事，耕園文藝社常務理事，亞洲華文作家協會菲律濱分會理事，菲華文聯文學顧問。

秘書長林泥水爲菲華耕園文藝社常務理事，亞洲華文作家協會菲律濱分會理事，菲華文聯文學顧問。

秘書長江一涯爲菲華文藝工作者聯合會會長，曾任菲律濱新潮文藝社社長，華人文學世界作家詩人聯誼會理事，世界華文詩人協會理事，中國福建文學基金會理事。

財政白凌爲辛墾文藝社社長，亞洲華文作家協會菲律濱分會常務理事，菲華文聯文學顧問。

主編文志爲菲華文藝工作者聯合會副秘書長，辛墾文藝社編輯。

一樂爲辛墾文藝社社員，學群文藝社，「萬象」詩刊編輯。小鈞、卓培林、王仲煌、陳孟圜均爲菲華現代詩壇掘起的詩人，富有潛質。

心宇，爲辛墾文藝社理事。

王勇，學群文藝社負責人，商報「藝廊」，學群「龍」詩刊主編，菲華文藝工作者聯合會，中華書法會理事，晉江縣青年書畫協會名譽會長。

王錦華，菲華耕園文藝社理事，菲華文藝協會，亞洲華文作家協會菲律濱分會成員。

幽蘭，辛墾文藝社社員，亞洲華文作家協會菲分會成員。

吳天霽，耕園文藝社，亞洲華文作家協會菲律濱分會成員，菲華文聯文學顧問。

南山鶴，高陵均爲資深作家。浩青，菲華文藝工作者聯合會理事。珮瓊，范鳴英，菲華文藝協會理事，亞洲華文作家協會菲律賓分會理事。陳一匡，爲亞洲華文作家協會，晨光文藝社理事，辛墾文藝社副社長兼主編。陳默，爲耕園文藝社常務理事，亞洲華文作家協會菲律賓分會理事，曾任「千島詩刊」主編。許露麟現定居台灣。莊垂明現定居美國。曾幼珠，耕園文藝社理事。張香華、蕭蕭、羅青均爲台灣著名詩人。張斐然現定居台灣。張靈、鄭承偉來自台灣。蔡銘爲「河廣詩社」發起人之一，組熙雅集同仁。劉氓、靈隨曾經是菲華現代詩壇質與量著名的詩人。謝馨爲海外女作家聯誼會菲律賓分會會長。

一九八七年杪，千島詩社成員和權、林泉，離開「千島詩社」，另創「現代詩研究會」，出版「萬象」詩刊。

一位不以牙還牙的牙醫

她是我的牙醫，在她小心的照顧之下，我那顆因齒肉萎縮，本來得被拔掉的牙齒也得救了，就連體積這麼小的牙齒，她對待它們也是這麼有愛心。

對一位這麼有人道，有作爲的青年女子，對一位絲毫不懂暴力的女醫生，冷血的兇手忍心加以殘酷的殺害。我深信兇手的確是找錯了醫生。一個喪心病狂的人所需要找的，絕對不是牙科醫生，而是心理醫生。

跟洪榮眞醫生同時被刺傷的，是另一位到醫室就醫的女子。她們兩位同被送到醫院急救。急救室的醫生首先來看榮眞的傷，榮眞卻對她說：「我不要緊，你趕快先去急救我的病人，她的傷勢比我嚴重。」

那女病人脫險了，洪榮眞醫生卻喪失了自己的生命，她就是一位這麼懂得關心別人的醫生。洪榮眞醫生的筆名是『心宇』，是菲華文壇三位年青少女（緝熙雅集的「三心」心宇、心簡、及心楓）之一，榮眞的酒量最棒，難怪她會擁有這份愛人類的豪情。

每當支付診療費，我總會跟她開玩笑：「洪醫生，妳收費這麼便宜，恐怕妳會虧本呀！」她總是笑著回答：「不會啦，不會啦！」最後一次到她醫室去檢查牙齒，當我付完賬，臨走之際，洪醫生卻跟我說：「平凡，請留步片刻。」原來她從隔壁把那已經懂得走路的兒子領到醫室中來。然後她對這小人國說：「叫叔叔。」這娃娃蠻乖的叫了，她就教我問他幾歲，我「依計」問了，這小人國立刻答道：「一歲。」我心裡大吃一驚，這還了得，只一歲，國語就講得比我標準！後來榮眞的先生蕭鴻也從隔壁出來跟我打招呼。我對蕭先生說：「你這兒子好英俊。」他笑著回答：「因爲父親英俊之故。」我們於是相顧大笑。當時的「意境」令我畢生難忘，因爲看到一個美滿的家庭就好像讀了一首好詩。

這麼一朵芬芳的花慘被殺害，她的死是人性的凋謝。

蕭先生知道太太是再也不會回來了，可是那還不懂事，年只一歲的幼兒，這次他沒有哭，他不懂得死亡，他只懂得逼切地盼望，一天又一天，一生一世永遠無盡期的等待……等待著媽媽回來。

上帝的表情

耶路撒冷(Jerusalem)是一首非常激昂，悠美而嚴肅的聖樂。當這首歌曲由英國某大合唱團在御前演唱之際，於被唱到最高潮之處：「何撒哪，在至高處……」英女皇依莉莎白不禁自座上起立。全場的聽眾也繼之一致起立。是時鴉鵲無聲，每一位都幾乎暫時停止呼吸，莊重、嚴肅地全神傾聽合唱團把這首美麗的詩歌唱完，繼之才是震耳不停的掌聲。

假設當時不幸這合唱團之中有一位團員的怪聲把這首美麗的詩歌弄得好糟，英女王只聽了一半就離坐而去，聽眾非但無人鼓掌，還有一部份想向台上拋臭雞蛋，那麼，上帝的表情將會如何？當肅靜的靜樂充分預備了信徒的心態。

「施比受較有福」每當主日崇拜會，那位未婚的校長小姐必在講台上這樣宣布。她的眼睛比她戴著的那厚厚的眼鏡更加缺乏表情。兩顆直視的黑瞳子鑲在兩片圓圓而厚得變白的眼鏡中央，十足跟那陳列在魚攤上，被急凍了數月的魚的眼神一模一樣。她的聲音冷酷而單調。她大約是五十歲左右吧，儘管如此，如果她能及時於口角掛起一個小小的笑容，那麼不難想像的，她年青時當不失爲一個美人胚子。歷年的經驗，不得不令她充滿自信。代神募捐永遠都是這麼順手，一絲表情也不必用。

小學生小明從來未見過校長像他們一樣天眞地歡笑著。更別說嘻笑遊玩。他小小的心靈中深信神就喜歡像校長這麼懂事，而純潔的處女。不是嗎？她一直能戰勝魔鬼的誘惑，專心聖潔地信奉著神，在小明小小的世界裡，母親是唯一十全十美的人了，母親一直是一位虔誠的信徒。可是完美似母親，她還是抵擋不了父親的引誘。小明跟他的同學們都很尊敬校長能似神父，修女一樣的專一向神。但不知怎的，小明跟他的同學都不敢跟校長講話，一見到校長走來，大家紛紛走避，這也許就是因爲她時常接近神而被感染得的威嚴吧。

上課的第一天，導師就跟全班學生宣布：「各位同學，每星期天你們都得到我們學校的禮拜堂（教堂）來作禮拜（崇拜會）。沒有來作禮拜的扣宗教課分數。」

小明舉手問道：「老師，到別間禮拜堂作禮拜，可以嗎？」

「到別間禮拜堂去作禮拜的不算，分數照扣。還有，每次崇拜會一定會有獻捐，要記得向你們的父母要錢，以作奉獻之用。」

小明又舉手發問：「老師，什麼是獻捐？」

「傻孩子，獻捐就是奉獻金錢給神呀！」

小明不敢多問，小孩子的頭腦中很自然地這麼想：原來神沒有錢，也許神比人窮的。蠻可憐的。這時小明之腦海中忽然記起書上有一課「奉獻少女給河神」的史實。教這一課時，老師還特別提醒學生們不要迷信。凡事必先以科學方法求證。不要妄信神者的愚民手段。老師還講了一大套小明聽不懂的道理。但是老師對這課「河神」的精義解釋得越清楚，小明對於星期天崇拜會的奉獻就越感到糊塗。最令小明想不通的是；奉獻少女給河神就很簡單的把那少女丟進河裡算了。而主日崇拜的奉獻，校長是怎樣親手把這些金錢交給神呢？小明很想發問，但是他不敢，在他小小的潛意識中，他好像預知；小孩子是沒有言論自由的。

回家之後，小明立刻向父母宣布：「爸，媽，你們應該多給我一些錢，我星期天去作禮拜要獻捐的！」

母親是一個虔誠的信徒，當然沒有異議。可是父親卻說：「明兒，這星期天我們全家要到白聖灘去玩呀！」

小明說：「爸，白聖灘我是要去的，可是不作禮拜會扣分數的。怎辦？」

父親臉有怒色：「這不是違反人權嗎？這樣規定還有宗教自由嗎？這簡直是在向未成年者作洗腦嗎？」

母親在家中一直是扮演和平使者的。她隨時都有最溫柔的外交手腕。她說：「白聖灘嗎，等政府把它發展得更漂亮再去也不遲。兒子的功課重要。你不是常跟我說；當你到羅馬，依照羅馬人所爲而爲。入風隨俗嗎。親愛的，不要讓兒子爲難，父母應該鼓勵兒女遵守校規呀！」

父親這一壺熱滾水，熱度還保持不到三分鐘，被母親一連加了這麼多塊冰，不得不變成普通水了。

一家人很和諧地用完了晚餐。據說吃飯之際是不可講話的，於吃飯時大聲講話而能不引起消化不良，就一定是中國人，不服者請到中國餐館去聽聽化拳。

飯後，大哥大明在一邊研究一些生物標本。大哥是讀生物學的，小明一見到那些標本，就被吸引過去。小孩子對於一切的生物都蠻感興趣的，就算這是一些已經不是生物的生物標本。

小明好奇地問：「哥，爲什麼把青蛙跟魚兒貼在一起？」

大明對於小弟不完不了的好問，一向都是很有耐心的詳細加以解答：「小明，這是蝌蚪，是青蛙的嬰兒，你詳細看看，青蛙的嬰兒長出了腳，再來連尾巴也掉了。」

看到哥哥手中拿著一本厚厚的書，小明又問：「哥，這是什麼書？」

「這是達爾文的進化論。」

「什麼是達爾文的進化論？」

「進化論是生物學的一個非常重要的學說。作者是達爾文。進化論大致認爲世界上的生物之現狀都是經長時期之物競天擇，適應，改良，進化而來。比喻人類就很可能是由人猿進化而來的。」

談到這裡，一邊卻傳來母親的聲音：「小明！早點上床，明天早晨你不是要做禮拜嗎？」

次日——

主日崇拜會日，吟唱聖詩小明倒是蠻喜愛的。唱詩之後，牧師上台講道：「上帝創造我們的始祖亞當，夏娃，人類都是上帝所造。上帝以自己的形像造人。」

小明實在想不通，爲何要在同一間學校中，教著兩種互相矛盾的智識。聖經中的神話（神說的話！），經常隨時會被教科書中的科學思想分析得成爲童話。小明自小於母親的督導之下，心向聖經。不過他的頭腦又偏偏教他應該相信科學。長期生活於情感與理智的衝突之中，至少小明的小小的腦袋之中的小小推論是絕對可以確定，牧師跟教師，兩者之中，一定有一個是在說謊。

這天回家，小明看到父親興高采烈的帶回了一大堆的大小楷，筆記簿：「你老爸的好友是做印刷的，他專門批發大小楷，筆記簿等等給文具公司跟書店。今後只要你努力讀書，大小楷，筆記簿他一概免費供應。」

不料小明很抱歉的告訴老爸：「爸爸，我們的學校規定大小楷，筆記簿，以及教科書都要在學校的合作社購買。要印有學校的名字才可用。」

「原來你們的校長是在開學店！為了老爸瞎了眼，讓你就學於這學店，老爸理該被罰寫這一大堆大小楷！」

「爸爸，還有，我們今年是畢業班。學校歷來的傳統，規定每一屆的畢業生必定得贈送母校一件很貴重的禮物。同學們對於應付畢業的種種開支已經頗為吃力，學校再加這種壓力，增加同學們的負擔，本來就要畢業了大家應該是蠻高興的，但是，為了這事鬧得整班悶悶不樂。」

「兒子，你們的校長除了經營學店，還外加勒索。虧她還有臉聲稱她辦的是宗教學校。掛羊頭賣狗肉！」

「爸！我們的班長，就是為了寫這樣的壁報而被記了大過，聽說今後如不改變，是會被開除的。」

但見老爸的臉色由紅轉紫，雙眼圓睜得快冒出煙，只是鼻樑之下裝的那把八字形的帚，卻未能自舌尖掃出半點聲音，這時小明突然明白，原來老爸也怕被開除。

學校師資的水準都很高，都是校長千方百計，費盡心血從中國大陸千挑萬選，而拯救出來的。校長以「學生字」的手續把他們運輸到這個「錢淹腳目」的島國。讓他們放膽一展抱負，校長心甘情願的，背黑鍋，向政府說謊，保證他們是在本校讀書。其實他們是以很可憐的薪水在努力的教書。一旦有忘恩負義的膽敢因被剝削而反抗，甚至想逃出這「教師監牢」，校長只須向移民當局說一句實話，而說實話是上帝所喜悅的。其實校長連一句話也不必大聲，只須靜靜地做了一些小小的動作，當地的移民局自會立時派員來修理他們。可憐一些無魄力的教師竟因懾服於這種恐嚇制度，而終生淪落爲這教師監牢的牛馬。空有一身文才，就像孫悟空，本領再高，卻翻不過校長的五指山。

吳教務主任非但外表英俊，肚中的翰墨更是爲量不少。他有深厚的國學基礎，對於孔孟更有特別深入的心得，一手臨過漢、魏碑帖，筆力千斤的書法，更是儕輩教授們（尤其是那些沒有魄力的），就算花了一生的時間也冒仿不來的。吳教務主任有遠見，思想開明，學貫中西。不愧是雞群中矯然一鶴，他的體高也許比孔子，孟子低，不過他的膽識是絕對高過孔子，孟子的。中國歷代君王一致崇尚儒家（其實儒家應該叫奴隸的家教，還是叫懦弱的家教），因爲儒家的學說一向主張君叫臣死，臣不能不死。吳主任不但於校中暗中支持反動派的學生寫攻擊校方的壁報，後來還公開造反，跑到另外一間教會學校去任教。他並沒有背叛上帝，他只是背叛了儒家，背叛了校長。學校中的同工羨慕他，暗中一致向他翹起大拇指，你看他，好瀟灑的一個跟斗，就翻過了校長的五指山。

五指山是翻過了，不過翻跟斗如果頭先著陸是會有後遺症的。果然，頭痛的故事就在後面。吳教授新上任不久，當地移民局的通緝隊於準確的時間跟地點把他逮住了。當時違反移民法是要被關進工程島的水牢，許多外僑於這人造地獄之中消耗了一生。幸虧吳先生還算神通廣大，一位寒酸的書生能隨時籌出一筆能滿足移民局通緝隊之貪污慾的錢數實在不簡單，付款之後，吳方人事順便向通緝隊討個花紅；到底是誰告的狀？只見通緝隊的人員搖著頭說：「逼害你們中國人的，通常也是你們中國人。」

可能是山上沖了大水，校長之表親一家只得來投靠表姊這家學府。反正這邊僧少粥多，人多好吃飯，校長這表妹不但美麗賢淑，人又溫柔，就是不幸命薄，嫁給山上土番族的酋長。這酋長雖然西番話會講，可惜脾氣暴躁，平時總是閒著好生詳細地觀看那螞蟻們相咬。這天清晨的朝會，小明因昨夜考試開夜車，一大早又乾坐著聽乾燥的說教，打瞌睡本來就是正常人類的很正常的反應，想不到這酋長立刻偷步趕上，於全校師生之前，眾目睽睽之下，對這小學生的小明掌如雨下，打得小明那兩條穿短褲的大腿又紅又熱。不過肉體的痛苦再大也是短暫的，人格的創傷卻是永遠的。小明巴不得當時立刻死掉，或者地獄立刻開了門，以便讓他鑽了進去。這位土番族的酋長既然下山執起教鞭，勉強也可算是有了一點文化，學校中都姑妄稱他爲酋先生。他是一位近視眼很重的人！他只能看見每一個小學生的小小的，無心的錯誤，而看不見他自己的兒子是全校唯一懂得泡妞的學生，他這寶貝兒子依靠這「學校朝庭」之皇親國戚的關係，公開跟女同學大搞男女關係（那時別的學生談戀愛是犯校規的），還好這小子命大，如果他的玩伴的名字叫黃素端小姐的話，他閣下就只得認命改名爲故莊子修先生了。小明可沒有近視眼，這些事他都很清楚的記在心中的錄影帶裡面。譬如哥哥大明的同班同學約翰是一位英國父親與中國母親生的混血產品，他的英語從發音到文法都是一生下來就無天無地的好。本來全校有資格參加中學英文演講比賽是唯他莫屬的。酋老頭就是血比水濃，交學費的子去訓練，訓練，輸了於學校也許臉上無光，本來勝敗乃兵家常事嗎。他的近視眼重得讓他看不見上帝面部的表情。上帝就乾脆教他到土州去賣鹹鴨旦，當他抬頭看到天使們也在打瞌睡之後，他才覺悟他生前在學校中那麼苛刻地對付那些小天使實在太過份了。

這學店直像梁山泊一樣，藏龍臥虎。

本來在唐山種菜的一位很斯文的青年人是當時小學部的訓育主任。此君從外表看來並不像虐待狂，也看不出有絲毫心理不平衡的病態。也許他把「訓」這個字誤解爲軍訓，體刑。並把體刑實踐到極端。

菜訓育主任藉以成名的武器就是手中那根三尺來長的籐條，小學生一旦因年少不更事，不小心落在他的手上。擔保你一定被打得一佛出世，二佛升天。當時的學制是六十分就算及格。這日小明偏偏考了一個五十分。依照菜訓育的家法，得挨十下籐條。打到及格爲止。

小明是看過別位學生被打過的手，只不過挨了一下籐條，之後雖然塗完了一瓶的虎標萬金油

（那時還沒有白花油），還得等足了一個星期才告消腫。小明面臨這藤條大難，禱告嗎？上帝是不會救壞學生的。結果小明就爲了挨這十下籐條，手指的骨頭被打壞了，就算後來發明了白花油，還是治療不了小明手指骨的殘廢。

這位菜訓育因籐條太棒了，上帝因對他聞名已久，就提早召他上天堂去教訓那邊的壞小學生。每喝足了酒，小明就一定得向我傾吐心中一幕一幕的往事。偶而談到傷心處，我總是邀他乾杯，英雄有淚不輕彈。

也許上帝是不改變的，但是世界不停的在變，觀念在變，道德的水平在變，是非的標準在變。同時每一件事都有正負兩面。以前被認爲對的，現在卻很可能被公認爲錯誤：比如菜訓育於當時很可能被家長們奉爲標準的嚴師，家長們看到自己的兒子被體刑之後，還點著頭，十分滿意的說：

「打得好，玉不琢，不成器。只有這種嚴師才能雕出好學生。」

而同樣的一位菜訓育如果在現在稍爲輕輕的體刑了任何一家長的寶貝兒子，就算只傷了一根汗毛，也一定包他吃官司，最後還得登報道歉。

酒後吐眞言，小明時常會這麼嘆息：「本來我是應該信主的，但是看到校長一家所作所爲，教你怎麼信得下！」

小明離開菲律賓了。本來他是要回去中國大陸告老的，後來不知受了那一個導遊的影響，竟去了陌生的耶路撒冷。

一九九四年底脫稿

象與它的尾巴

新近偶又發現一些白話詩人與舊詩人在「文華版」展開一場辯論，起因乃是舊派舊事重提。

考我國近代文學史、新文學與舊文學之間第一次的糾紛乃發生於五四運動，結果是爲一般的筆戰一樣——佔優勢的一方面當然認爲自己是對的，居於劣勢的一方面，也硬不承認自家理屈，此事因而不了了之，但是事實勝於雄辯，舊文學逐漸被新文學取代了，人們普遍地用白話寫它，寫詩了。

細讀最近刊登於「文華版」之辯論，論題亦與當時五四運動所辯考類同，所不同的是五四運動的古文學者是以古文立論罵白話文、白話詩，而最近吳道順，一讀者二位先生則是以白話文寫論文罵白話詩。

曾經有這麼一段幽默小品：一位穿低胸裝的婦人向她的女兒教訓道：「迷你裙是穿不得的！」，此中滑稽，相信讀者諸君一點即悟。

以下試將白話詩與古詩的形式與含義摘要比較，或可幫助保守派者了解白話詩，並且讓白話詩人更加明瞭自己。

白話詩或謂新詩，是白話文的自然產品，包括現代詩，散文詩等等。白話詩是自由詩，著重思想的自由發揮，不拘形式，白話詩不反對音韻，但也不堅持音韻的存在。

舊詩，是舊文學的產品，包括古詩，律詩，絕詩，舊詩是比較不自由的詩體，尤其是律，絕，每句皆有固定字數，固定的平仄韻律，一旦脫離了韻律，舊詩就不能獨立存在了。

古時學者以爲有韻者爲詩，無韻者爲文，立論且難免犯上錯誤，何況是下定義，以上定義或適於舊文，舊詩，但決不能把全體詩文概括在內，依循著上面的定義，舊詩遂形成了依賴音樂與形式而生存的寄生蟲。

現代文人因經過自然科學的洗禮，而自然科學的根基，就是邏輯，靠著邏輯的思維方法，新詩企圖找出詩的本體，詩的質，詩的靈魂，他們發現如欲達致詩的最高境界，適時應用較短或較長的字句來表達某一境界，方能盡眞，盡善，盡美，如果硬定四，五，七字成句，則勢將「削足就履」或「削履就足」，某一思想之境界，原應用較短或較長之話句表現，如硬定以四言，五言等等預定句法，豈不似某人的足原是較大或較小，硬要大足者穿較小的鞋，唯一的辦法是將足削去一部份，以適合鞋的大小。

新詩人先追求詩的內容與意境的高超，然後以此內容決定詩的形式，內容決定後，如作者有押韻的癖好，而字句間押韻又不阻礙內容的完美，押韻何妨？實則一篇好的詩作，由於它的意境高超，思想與思想之間常有著「只可意會」的音韻，如欲講究音韻，這才是上乘的音韻。若以舊詩之韻律，平仄，刻意做作，原屬中乘，而如歌謠類之音韻，則屬下乘。

白話詩既然是自由詩，那麼新詩人如果以爲在表達某一個意境時適合以四字成句：五字成句，七字成句，甚至十四字成句，字句間又歡喜押韻，則他自可寫出與舊詩一模一樣的現代詩，其外表雖跟舊詩無異，然此詩非彼詩，其與舊詩的根本分別處是，此詩雖是五言，七言或者亦有押韻，然此詩以內容爲主，韻爲輔，非如舊詩之以形式音韻爲主，內容爲輔者，因爲舊詩作者認爲無韻爲文，以便能被舊詩人「公認」爲詩。

歸納以上數點，我們很容易看出五·四運動後，新詩已成功地把詩的定義及領域擴張得更大，新詩在某特殊情形下也將舊詩包括在內，新詩人並不反對舊詩人，新詩人只號召舊詩人自韻律及豆乾形式的束縛之中醒悟來，詩人的手應摸到詩的全體，詩的靈魂，我們並不肯定象的全部比象的尾巴更美麗，象的尾巴或者是美麗的，但它決不是象的全部。

邏輯告訴我們「全部」包括「部份」，然「部份」不包括「全部」。

總之，新詩與舊詩皆無可厚非，然而新詩由於現代人類學識的進步，其定義包括一切是詩的詩，舊詩因受韻律拘束，其領域自然是狹窄的，由於兩者定義之廣窄分別，白話詩好比是象，古詩好比是象的尾巴，所以如果說白話詩是象，自然是對，說長長的管狀物是象自然不對，管狀物是象的尾巴，應說象的尾巴是象的尾巴，不應說象的尾巴是象。

我一向畏於立論，爲的是立論難免會有破綻，但若參加辯論，不提出一些有建設性的論調，而專窺別人的小破綻，吹毛求疵，小題大做，實於大眾無益，此鄙人所不爲也，基此我唯有熱誠地試寫出我的見解，苟有不當之處，大家既然都是同道，又無血海深仇，懇求此中高手不要把我罵得體無完膚。謝謝。

（編者按：就事論事，一詩者並無罵白話詩，他祇是糾正「很夏天」三字的用法與錯誤，希再覆核）。

我們的話——辛墾人

有幾枝硬骨頭
才能硬撐著整個天的風雨
（節錄平凡詩「傘」）

七月十六日下午四時三十分菲律賓呂宋島發生八級的大地震，救災的工作才告一段落，人民紛亂、恐慌的心理還沒有鎮定下來之際，又來了一次菲幣貶值，這麼多的天禍人災還不夠，八月初二，伊拉克出兵佔領科威特，中東閃著戰火，石油供應短缺，氣油價格一上升，隨時就會帶動通貨膨脹等等經濟之惡性循環。

際此非常時期，還能分出心神來熱心文藝委實難能可貴，尤其是現在正值菲華文壇十分低潮時期，有些文藝社已在縮少其出版期數及編幅，辛墾文藝社竟有雄心雅興來恢復商報「採擷集」的版位，不錯，辛墾文藝社在六十年代，文藝版圖遍佈菲華四大華報，目前，辛墾文藝社之版位除聯合日報之辛墾集之外，尙有在環球日報之詩葉，現在再恢復以前商報原有的採擷集，應該是可以很謙虛的誇口，在菲華眾多文藝社之中，辛墾文藝社佔有最大的版圖，這樣逆流而上，也許有人會認爲太不識時務，太不自量力了，但我們這一群就偏偏有這一股傻勁，就偏偏喜歡不按牌理出牌，不是嗎，就是整個人類也得同意，有幾枝硬骨頭，才能硬撐著整個天的風雨。

辛墾文藝社就職演講詞

各位貴賓、諸位文藝界的好朋友：

今天晚上辛墾文藝社，給了本人天大的面子，老實跟諸位說：這是我生平第一次當監誓員，我不得不佩服辛墾社同人的冒險精神、有膽量拿我來當試驗品。

現在言歸正傳，剛才宣讀的誓言，其中有這麼兩句：「如違誓言，願受處罰。」本來有人建議把這兩句換成：「如違誓言，天誅地滅，死無葬（脹）身之地。」關於這一點，本人獨當一面，極力反對，我認為辛墾文藝社全體同人，一不為錢，二不為利，只為了文藝這兩個字，文藝就是辛墾文藝社的向心力，就算把「如違誓言，願受處分」這八個字也通通拿掉，我有信心，諸位職員還是會說話算話，一完會照樣遵守誓言的。

辛墾社在聯合日報的攤位是「辛墾集」，在環球日報的攤位是「詩葉」，這次又恢復了商報的「採擷集」，在社務經濟上，也許我們是最窮的，葉社長來城那篇「復刊的話」，也提到我們常自稱「丐幫」，所以葉來城應該是幫主，陳一匡老編應該是五袋長老，不錯，也許在經濟方面，辛墾社是最窮的，不過在文藝版圖方面，我們卻是最富有的。

這時就讓我祝辛墾文藝社前程無量，同時祝全體新屆職員不負重託。

上次承蒙大家冒著颱風、大水來赴過一次辛墾文藝社的就職典禮，這時我當面謝謝大家。今天晚上還是就職典禮，大家又都來了，眞是辛苦了諸位，隆情雅意，理當再面謝一次。

中正十九屆就職演講詞

有兩位十九屆的同學，三十年之後第一次再見面，其中一位說：兄弟，你我一別三十多年，我應該請你抽一根煙，想不到另一位卻回答：對不起，兄弟，我已經戒煙了。

你眞的戒煙了？可不可以告訴我，你戒煙的秘訣。

告訴你，方法很簡單，就只靠我的WILL POWER，就是我意志的力量，原來如此，我好佩服你有這麼堅強的意志力，那麼我們去飲酒好嗎？

對不起，兄弟，我也已經戒酒了。

你眞的也戒酒了，你又是用什麼方法戒酒的？

很簡單，只靠我的WILL POWER，也就是我的意志力，連酒也戒了，我不得不又要再佩服你一次，你的意志力眞的好堅強。那麼，我們去找CHICKS，好不好？

對不起，兄弟，我CHICKS這個嗜好，最近我也戒掉了。

哎呀！連這個你也戒掉，我猜又是用你的WILL POWER那堅強的意志力，對不對？

啊！兄弟，老實跟你講，這一次是因爲POWER FAILURE，我是無能爲力！

就算我們不認老，但，無可否認的，我們已經不再年青了，年青的也已經不是我們了。

我們這一代的責任，也許比較繁重，「養兒防老」的傳統已經行不通了，我們這一代，不但要奉養上一代，同時我們還要孝順下一代，雖然這樣，我們還是十分樂意去做，因爲有能力爲別人多付出一點，是一種福氣，也是生命中的一種滿足。

我們十九屆，歷任的理事長，都是有魄力的領袖人才，我們十九屆的傳統是偉大的，走在我前面的幾位成就太多了，我這時剛上任，不禁要問自己：他們的成就，我那有可能追得上，我是：未上任，先慚愧。不過請各位同學，不要失望得太快（早），我答應各位，我會盡力的去做。

怎樣才能讓十九屆這個偉大的傳統延續不斷呢？我以爲我們應該把我們的第二代組織起來，我們今後應該多花一點心神來訓練，以及準備我們的接班人，譬如，我們的保齡球隊，我們的籃球隊，如果訓練不出接班人，那麼，再過幾年，我們的球員都要「拖老命了」，我們要鼓勵我們的第二代來參加我們的保齡球隊，籃球隊，以及其他活動，我們甚至要鼓勵同學們結爲親家，大家親上加親，這應該是一個HAPPY ENDING，對不對？

我另外一個小小的目標是，希望能籌措一筆醫藥補助金，不是每一位同學都像我們這麼幸運，經濟情況不好的同學，一旦身體有病，我們忍心不伸出援助的手嗎？五十歲的人，貧病是最致命的。

今年十月，剛慶祝過珠禧，大家剛忙得筋疲力盡，如果要再訓練節目來爲今晚助興，聽說，神仙也想不出辦法，所以我們乾脆就開了一個舞會，乘這個機會讓同學們，學習現代交際舞，我們有許多同學，是獅子會，扶輪會以及其他國際性組織的領袖，而且現在中菲社會乃漸漸打成一片，學會了交際舞，日後一定會派得上用場，根據醫生忠告，上了年紀的人跳舞，因爲它有音樂的節奏，是一種對於心力兩方面，都不會引起過度疲勞的運動。

更重要的，我們要借這個舞會，來吸引我們的第二代，今天晚上，大家會發覺，年青人的上衣上，都貼著他們自己的名字，希望他們能互相招呼，一起跳舞，對於第二代的工作，今天晚上，在舞池中，我們正在踏出第一步。

最後，我要用兩行現代詩，贈送給親愛的十九屆的同學們，這詩的題目是：

〈傘〉

有幾根硬骨頭
才能撐得住整個天的風雨

十九屆有七根硬骨頭，就是甲乙丙丁戊己庚，十九屆這枝傘，如果沒有這七組的合力支持，十九屆就只不過是一塊破布，我們七組一定要同心合力，才能撐得住整個天的風風雨雨。

祝各位晚安

謝謝

眞、善、美與愛

至眞、至善、至美都同樣是不能企及的，爲什麼？因爲這三種至高的境界之本身都是沒有終極的，例如「美」就是從無間斷在變的東西。人類的美感或審美觀念對於「美」也時時在變著，「變」使美顯得不俗，顯得沒有極點。至善，也是沒有終極的，蓋有終極的善即非至善。至於眞更是高不可攀，「至眞」是人類智識範圍以外的東西，因爲人類的智識與學問受到種種先天條件的限制。

至眞、至善、至美是人類各種學術的準則，而這準則是沒有終極的，惟因其沒有終極，人類之學術才能沒有終極的進步與發展。至眞、至善、至美是否存在，則是人類學識範圍以外的問題了。

上帝的本身就是至眞、至善、至美的，人類的學識既然不能認識至眞、至善與至美的存在，那麼人類自然亦無從確認上帝的存在，對於不能被確認其存在的事物而加以相信就是「盲信」。

既然我不能把生命寄託在「有神論」者的空泛理論，於是我就考慮到生命本身的意義，生存是爲了什麼呢？我們工作，吃飯與休憩是爲了生存，而生存又是爲了工作，吃飯與休息，那麼人類豈非只爲消磨生命而生存嗎？如是生命是空虛的！想到這裡，以後的日子中我將是悶悶不樂的。

我花了不少的時間去看書與許多夜的沉思，仍然不能給自己悲哀的生命自痛苦中尋到解脫，偶而有一位知己自台灣返菲，一夜我們兩人一同談起這問題，他以爲生命時時刻刻都在蛻變。花的死亡是果實的出世，枯木被燒滅就變成灰燼。人類的生命也不過是蛻變中的一階段，死並不是生命的終結，死僅是完成蛻變的一階段，那麼人的生命就可通過蛻變而與天地同存亡，此說雖非人類解脫之根本，但頗值得一提。

雖然我們這永恒之生命的全部是不可思議，不可企及的，但是我們仍能藉著修養與學問而通過愛去体驗它、發現它，所以詩哲泰戈爾說，「愛能通靈」，就是這個道理，這樣人就可自沉思與痛苦中走出，像一個調和的諧音加入宇宙莊嚴之樂曲。

——壬寅歲杪草小呂宋

千島詩社週年慶典演講詞

甘利迪當選美國總統時，他的就職演講是這樣的：同胞們、不要問國家能爲你們付出一些什麼，而是要問，你們能爲國家付出一些什麼，就是這種思想，造成了美國這麼富強。

千島詩社創社之日，也是情人相會之節日，我要勉勵諸位，對於情人，甚至愛人，我們只要問「我有多麼愛他」，而不必一直計較他有多少愛我，這樣的愛才是純眞的愛，這樣的愛才不自私，在這裡我要強調：做爲千島詩社的社員，不要要求千島能爲你們付出一些什麼，而是要要求自己能爲千島付出一些什麼。

在這裡，我認眞要求全體千島詩社的社員，既然加入了千島詩社，就要有這種歸屬感。這樣千島詩社才能富強。

今天我們刻意的準備了香檳，又有洋酒，因爲這是一個新春聯歡晚會，而不是一個學術講座，希望諸位都能朝氣勃勃，自由豪放，心情輕鬆。

大家要知道，不輕鬆，太嚴肅，硬硬板板的，拘拘束束的，就等於在謀殺靈感，謀殺藝術，我們常聽見人家批評，古今中外的文人作家不修邊幅，其實這正是代表一個藝術家的天性，因爲只有在輕鬆、自由、無拘無束的心理狀態之下，那潛伏在我們底心深處的天才，才能被解放出來，我們才能寫出好的作品來。

如果沒有歌，如果沒有酒，我的好朋友李白就不來赴我們這個晚會。寫作的時候是應該認眞的寫作，歡樂的時候也應該儘情的歡樂。

今晚這個聯歡會，主要在聯絡感情，我希望我們上了年紀的不要道貌岸然，要眞的能跟年青人打成一片，大家難得有這麼好的機會，偶而吵吵鬧鬧一翻，有何不可？最後祝年青人有新春的朝氣，也祝我們這些上了年紀的人永遠年青。

某次超現代的抽象畫展中，畫家推出他最得意的作品：一幅空白的畫面。

有人問他：你如何爲這空白的畫題名。

畫家很驕傲的回答：這幅畫題名爲「過紅海，CROSSING THE RED SEA。你看，它極生動的描述以色列人如何通過紅海。」

那人就問：但是紅海在那裡？

畫家說：紅海被推開了，就像聖經所記載的一樣。

那人問：那以色列人在那裡？

畫家說：他們通通都走過去了。

那人又問：那麼那埃及成千成萬的追兵又在那裡？

畫家的回答是：唉呀！他們都還沒有到，FILIPINO TIME

各位文藝界的舊雨新知，無論是屬於同黨還是屬於反對黨，我代表千島詩社以萬二分的誠意向你們問候，HAPPY VALINTIVE。

如果現代詩給你們的印象只不過是一幅空白的畫面，那的確是一個很美麗的錯誤，今晚當你們看完了千島詩社的詩展之後，這錯誤會變得更加美麗。

等待了十年不是一件容易的事，等到一群人爲文藝而集會更不是一件容易的事。詩人應該是屬於少數的民族，二月是「心」的月份，但願我們今天晚上眞的能以心對心來互相交談。HAPPY VALENTINE。

「辛墾集」：編前小語

文章乃經國之大業，一朝代的文學作品能象徵其民族的文化水準，也能反映國運的興衰，漢唐的國力和文章同樣的彪炳，漢唐以降，一般學者都有古肥今瘦的嘆息，這豈不是使現代的青年人感覺慚愧，於是使我們從意志消沉當中掙扎起來，抖擻精神，試來墾拓這塊荒蕪的土地，也許你們會說我們是激於一時的興奮，這荒廢已久的土地是難於耕種的，但朋友，我們將用我們的心血來澆灌這肥沃的田地。

——於一九五九年十月十日

「辛墾集」：編後語

命運之神是失望於他的淚滴不曾衝掉我們擴展版位的奢望，終於我們還是把這些散亂的作品從積水中撿起，貼在這裡，而偶然的我們還用讚美來嘲笑命運之神的失意。

不錯，文章在現實的社會中確是不值分文的，縱使我們一直在愚蠢地爲它提高身價，然而爲了興趣，我們將仍繼續這高貴的愚蠢。

期望，如今我們終於用汗滴把它塡滿，但我們絕不會因擱下筆尖豪笑，因我們仍期望著一個比今天更進步的明天。

——九・十七・六零

贈

——給中正學院高三全體畢業同學——

當樂隊奏出這曲「今宵別」，我的心情異常的沉重，同學們，一支樂曲的開始你是否已連想到它的結果，意外的相逢，與這意料中的別離，笑聲溶解在熱淚中，倒入這寂寞的杯，我喝下這一杯惆悵，在這曲終人散的一刹那。

讓我們以筆尖挾制造物者吧！不滿現實的朋友們，不錯，這路是崎嶇的，何不用我們的正義感把它填平呢？然而我們的智識在天秤上是否夠重呀？我年青的男朋友與女朋友。

我曾經愛上一個短髮圓面的姑娘，但直到現在我仍舊讓自己的情感在單戀的痛苦中徘徊，讓多少封沒有付郵的情書沉默在日記的扇頁，不是因爲我畏懼於作一次的嘗試，告訴你，我是一個不安定的傢伙，我對自己仍有太大的願望，「青年志在四方」，大丈夫應是足跡遍天下，所以我不能因兒女私情而作繭自縛，也許我在宇宙中是渺小又渺小的，但我的胸襟卻容納得無數個宇宙。

一九六〇年五月

創世紀詩社四十週年慶典演講詞

各位海內外文藝界的長輩：

首先我要代表千島詩社向各位詩友問候。也許有人會問：爲什麼叫千島？因爲菲律賓有七千多個島嶼，如果連刮颱風鬧水災而創造出來的小島，也計算在內的話，就不止七萬多個。不過這還不緊張，最緊張的是，全世界最深的海就在菲律賓。

前天我們千島詩社的同人，飛越了七萬多個島嶼而回到這個寶島。剛走出飛機艙，站在一邊等行李，我因爲忘了帶手錶，找不到時間的傷口，於是向周圍來了一個三百六十度的掃瞄，剛好看到一位先生手提兩大箱的行李站在一邊，我就一個快步來到他跟前，先在臉上掛起一個很甜蜜的微笑，然後才問道：

「先生，請問現在幾點？」想不到他不但告訴我很準確的時間，還提供了當天的氣溫，以及當天會不會下雨，甚至他自己的體溫，血壓，以及心跳的次數。我就問他：

「先生，既然你這隻手錶這麼好，它是不是也有記錄了全中國最有名的創世紀詩社諸位詩友們的作品？」他隨即回答：「有，有。」但見他只一根指頭，這麼輕輕的一按，嘩！創世紀每一期的詩刊一幕一幕的浮上螢光幕。不但在座各位詩友的詩，就連我們千島詩社各位社友的作品都收存在裡面，有我們千島詩社的社長月曲了先生，社長夫人王錦華女士，文才出眾的秘書長張靈小姐，很有氣質的女詩人謝馨女士，以及白淩先生等的作品都有記錄，就連白淩夫人的照片也存在這手錶的電腦之中，不過就單單找不到本人的大作？我們翻來覆去，認眞的找了很久，眞是氣殺人也！就偏偏是找不到我的大作，後來他就問：「你的筆名到底叫什麼？」我說：「我的筆名叫平凡也。」他恍然大悟，十分抱歉的跟我說：「對不起，先生，我這個手錶不收存平凡的作品，它所收存的都是不平凡的詩作。依我看你今後最好改姓『不』名『平凡』。但千萬不要改姓『很』，或者姓『太』，因一旦變成『很平凡』或『太平凡』，就依然不會有記錄或存案。」

我看他這手錶這麼好，就問他：「先生，你這手錶可是賣不賣？」他說：「我是什麼都可以賣，只要價錢合乎理想，我連自己也可以賣給你。」我說：「既然這樣，那麼你這隻錶要賣多少錢？」他說：「不多也不少，就一定要賣六佰塊新台幣。」我把掛在頸上的算盤拿出來算一算，哎！創世紀的詩刊每期賣一佰伍十塊新台幣，一年四期的創世紀詩刊就已經撈回了老本。於是以很快的速度把錢先給了他，把手錶拿過來戴上，同時趕快轉身離開，生怕他萬一又改變了主意，剛走出幾步，這傢伙卻又把我叫回，我問他還有什麼事？不料他手指著身邊的兩個大皮箱說：「先生，你不要把這開動手錶的兩箱電池也帶走嗎？」

諸位來自各地的詩友，一首詩，有時只是兩三行，但是這兩三行，事實上是動用了幾百萬顆的細胞，以及無數晚的失眠，才能令它閃耀在稿紙的螢光幕上，就因爲這樣，本人在此謹向各位詩人表達我最崇高的敬意，但願今後大家還是會繼續不斷的絞腦汁，寫好詩。

最後恭祝大家身體健康，以便十年之後，我們還會在一起，慶祝創世紀詩社的五十週年慶典。

謝謝！

現代詩・自由魂

詩就是最美的語言，但是每一個文字(尤其是英文字母)都是同樣的不美也不醜，應該怎樣才能讓這些沒有「三圍數字」的文字變得有美感呢?古時有一些聰明的人就明了利用音節韻律來讓幾行的文字，於被誦唸時能產生優美的腔調，律詩就這樣誕生了，古人對於自己這小小的發明甚感驕傲，並深信這已經是詩最徹底的定義，因而很武斷地下了「有韻爲詩，無韻爲文」的界說，一班沒有創見的詩人，就這樣盲從了，這個定義就似纏腳布一樣的，把詩束縛了幾千年，傳統詩人就像纏了小腳的人，起初固然感覺行動困難，一旦日久生巧，三寸金蓮，走起路來，反倒覺得異常輕盈自然，近代流行自由詩，許多傳統詩人一旦教他脫掉纏腳布，他反而不懂要怎樣走路了。

文字與文字之間的音樂感是語言的外在美，而固定的平仄韻律則是一種人造美，律詩就等於把語言塗上厚厚的化裝品，事實上有一些五言，七絕，如果你嘗試把它的音韻平仄拿掉，它立時會變成完全沒有味道的老文字，當然，不可否認的，有絕大多數的人還是喜歡那些塗著濃濃的脂粉以及重重的香水氣味的舞女，日本藝妓就是律詩，那未經世故，天眞無邪的少女就是自由詩，我們很幸運的，生活在一個自由的社會，不過一個人會選擇一個藝妓，還是會選擇一個天眞的少女作爲終身伴侶，通常還是會受際遇，審美觀，以至生活習慣的影響以及支配，比喻發明律詩者跟發明化裝品者以及發明纏小腳者就很可能有同樣的審美觀。

幾個文字之組合而把思想傳達到人類的頭腦中，於被感應後而在腦海中產生一種境界，這就是所謂的意象，意象跟意象的組合就產生意境，這種思想的境界就是語言的內在美，內在美的境界越高，詩意就越濃厚，這就解釋了傳統詩或簡稱古詩的外在美既然已被化裝品（音韻平仄）油漆得面目全非，失去了語言之純眞，樸實，簡單的天然美，爲什麼很多古詩還是很有詩意？而且還是十分耐讀呢？就是因爲它的內在美的境界高超，古詩的外在美是千篇一律的，不是嗎？所有的五言的平仄音韻都是固定的，所有的七絕的平仄音韻也都是一樣的，塗了濃厚的化裝品之後，讀起來每一首的音韻都一樣美麗，每一首的外在美都是一模一樣，試問讀者如何分別那一首好，那一首壞？讀者分別古詩之好壞的唯一方法就是分析它的內在美的境界的高低，內在美通常是比較外在美永恆的，內在美的標準似乎也比較外在美的標準不容易改變，何況，大江東去，浪淘盡千古多少風流人物，幾千年來，不知有幾萬首古詩被淘汰掉了，這些經得起時間之過濾，而留傳下來的精髓理當都是內在美最高超的作品了。

論文

論科學與文學的關係

答文琴女士兼致恆一、秋文二君：

敝社於辛墾集開闢文學軌道，發表文藝論文並歡迎詩文中諸同好踴躍來稿，提供意見，互相糾正，以共同爲菲華之新詩文壇探討出一條正確的道路。

文學有廣義與狹義之分，中國文學史提要（國學叢刊）給文學所下的定義：「凡代表語言，發抒理想，宣達情感之一切眞善美的著述，謂之文學。」頗爲中肯，而溫齊斯德謂：「文學乃人生的批評」，「人生的表現與說明」，維涅：「文學包括人們把他本身綜合地表現給別人看的一切的作品。」則傾於廣義矣！

「文學」兩字，廣義視之而其所包容者至爲廣闊，狹義視之則其內容僅詩文而已，因而「文學軌道的範圍太廣泛了。」這話可以說是對的，也可以說是不對，目下文學軌道之中心論點爲詩，因而我們可暫時把文學軌道解釋爲「詩文之路」。

敝社靜銘君主張以純數學的眼光來解析詩，在其「詩的數學觀」一文中，他把詩分成平面，立體，四度空間及第四度空間諸類型，以純數學的觀點來分析詩是否行得通？尚待酌斟，然其給詩所分的數學類型顯然是錯誤的，茲試把其錯處分述於左：

一、詩的數學觀中說：「當這幾個字併合起來達到通順的條件，紙上的圖線才能圍成一個面積，而這個平積我們稱之爲平面詩。」又說：「因此一首平面詩只是通順而已，沒有內容——體積可言。」

由歐美的文法學我們知道文法中有一種片語(Phrase)的東西，片語是幾個字併合起來達到通順的條件，而沒有具備主詞(Subject)與謂詞(Predicate)，因而亦無從發揮內容，現試把靜銘君所謂平面詩所具備之條件與片語（phrase）之定義相比較，即不難看出靜銘君所謂「平面詩」與文法中之「片語」實系一物。

詩是精鍊的語言，王靜安先生說：「詞以境界爲最上。」詩亦然，故詩非但應有內容還須具有高超的境界，由是推知靜銘君所云「只是通順而已，沒有內容」的「平面詩」稱之片語猶可，謂之詩則非也！

二、「詩的數學觀」分詩的第二種類型爲立體詩，所謂立體詩，依靜銘君的理論而斷章取義的說，就是「含有豐富內容的平面詩」，比較正確一點說，就是「幾個字併合起來達到通順的條件，而有豐富的內容」。

一些通順的字句且有豐富的內容也不能被稱爲詩，因爲一篇議論文，一篇散文，甚至一篇小說不是也是一些具有豐富內容之通順的文字嗎？因何一篇議論文不能被稱爲詩呢？以其語言不如詩之精鍊，境界不達詩之高超也，因而靜銘君所謂「立體詩」或「三度空間詩」也只是屬於議論文或散文一類的東西，絕不能列爲詩的類型之一，明瞭了平面詩與立體詩的錯誤，以之爲根據，層層推論，則餘者各點亦可悉被否定。

三、在解釋四度空間詩時，靜銘君說：「現在我們以C代表一個人的思想，I代表靈感，T仍舊代表時間。」

這時讓我們以理則學的眼光仔細把這第四度空間（ICT）加以分析：（開方根負一，光速及時間。）是否確如靜銘君所言各能代表靈感，思想與時間？

（1）I乃開方根負一，我們知道任何數的平方都是正號的，所以數學家不知道任何數的平方都是正號的，所以數學家不知道開方根負一到底等於甚麼，一個不知道等於甚麼的東西，我們怎樣可以武斷地說它等於靈感呢？

（2）C爲光速常數，決不能代表思想，光速當然只能代表光的速度，是個已知之定數（光速爲每秒三萬萬米），思想的成因卻甚複雜，思想包括意識，經驗，記憶等等。這些均非「速度」一語所能包括者，且光速爲定數，思想之速度則爲變數，綜觀以上各點，我們可確定C決不能代表人類的思想，I既不能表靈感，C不能代表思想，縱讓第四度空間中的T等於詩中之T，則四度空間及第四度空間詩的說法亦一樣可被否定。

總括而言，平面，立體等等是物理的，詩文的境界則是心理的，當然我不是在主張心物二元論，不過我認爲欲說某一種屬於理智的東西（如ICT）等於架一種屬於情感或想像的東西（如靈感、思想）時都得有科學上的證明。

我寫了這些，非爲表示自己反對以純數學的觀點來解釋詩，更非以爲詩不能有「數學類型」，而是在反對爲詩規定「錯誤的數學類型」，我提議如欲以數學來計算詩的質，應先從各方面研究出詩的特性，然後才能從事發明詩的計算公式，未知靜銘君以爲對嗎？

恆一君的「詩的不數學觀」與「又話詩的不數學觀」諸篇之論見雖同屬保守的，但前兩篇是衛道的，後一篇則是反動的，故對於後一篇的論調我姑且不作積極的反對，因爲我深信立論同時亦可收辯駁的功效。

「又話詩的不數學觀」說：「文學與科學，方柄圓鑿，格格不入。」但事實卻告訴我們，各科學問都是互相關連，互相依存的，單以詩而言，人對於詩所產生的反應多半是心理的，也是生理的，聽了這話，也許有人要說：詩是抒發情感的，怎樣可以用這種機械化的生理學來加以解釋呢？由生理學方面的知識我們得知許多種情感都是起於某種腺的分泌，例如恐懼和憤怒乃由於腎上腺分泌腎上臉而生，又如肝腺的分泌能產生憂鬱的情感等等，情感既可以科學知識來解釋，文學與科學自然不會不相關連，而且由較廣闊的一面論之：科學乃出於哲學，而哲學與文學又有極密切的關係（普通大學文科都包括文學，哲學，史學等學科）因而科學與文學的關係自亦不容否認，科學與文學，雖一屬理智，一屬情感，但兩者卻在哲學中互相交會。

「文字的理論是一切學問的基礎」這話也許沒有大錯誤，議論文的長處在於說理，而我們主張以科學知識與方法來解析文學，目的在使文學的論著與批評更加精確明瞭，非欲摒棄文學上的理論而專用科學符號來寫文學論著。

採用科學知識與方法是文學欲臻於極盛的捷徑，何以見之？試以寫文一事爲例；中國人欲寫好文章，都得靠多讀多背，書讀得多了，自能融會貫通，積極的一面言則費時害身，消極的一面亦產生出所謂書獃子與文弱書生之流的人來，歐美之人則不然，他們能採用科學方法，於文章中尋出條理，定出規律來，即所謂文法，任何人循著這文法，縱不飽讀經書，也能寫出很通順的文章來，且藉這文法，文章中的錯誤也極易被覺察，由是可見採用科學知識與方法能使文學變得平易，平易就能普及，普及則不難達於極盛矣！

古人爲學皆靠經驗，經驗系由冥索而得，故其進展極爲緩慢，而古人於學問，但知其然不知其所以然，此吾國之批評文學所以延遲到魏晉之故也（魏文帝之典論論文十二篇文學史上稱爲批評文學之開山），魏晉以後雖漸有文學評論，但因沒有科學知識爲輔助，作者僅以自家之學同來衡量古今文章之得失，其論見多流於主觀，例如昭明文選以爲陶淵明之閑情賦乃「白玉微瑕」然近代一般文學家又不以斯說爲然，設想當時昭明太子如能以美學及心理學的知識與觀點來編撰文選，則他的評論當會客觀得多了，但反過來說，古時的文人多屬玩書畫吟詩詞以遣日之輩，對於科學一無所知，且其時科學亦不發達，自亦無從以科學知識來著作文學評論，故他們過失是應該被原諒的，而現代的文學家多數同時也是哲學家與科學家，他們若不以哲學與科學知識來寫評論，則他們的過失是不能被原諒的。

單靠文學不足以說明文學，昔人寫文學理論，就已有感到這點，但那時尙沒有發達的科學知識以爲輔助，因而寫到文學所不能解釋的境界，就乾脆謂之「只可意會，不可言傳」，實則所謂意會，正是近代心理學所研究的問題之一，所以我們要說：科學可以補救文學的不足。

在閱讀文學論著時，我們會發覺許多文學理論上的錯誤可以用美學與心理學的知識來加以糾正，現試舉一例以明此說：

王觀堂先生之人間詞話云：「有我之境，以我觀物，故物皆著我之色彩；無我之境，以物觀物，故不知何者爲我，何者爲物。」

由近代的美學知識中我們頗容易發覺作者所謂「有我之境」實系「無我之境」，作者說：「有我之境，以我觀物，故物皆著我之色彩。」正是近代美學原理中之「移情作用」，所謂「移情作用」即以我之情感投射於物，欲把自己的情感投射於物，我們必先凝神觀物以至於物我兩忘，進而達於物我同一，物我同一則物即呈現我的情感，而移情作用達也，所以移情作用就是物我兩忘，故王觀堂先生所稱「有我之境」實爲「無我之境」。

我在「論新詩的內容及表現技巧」一文中曾同意過王觀堂先生的說法，順此更正。

綜觀上述，以科學知識來解析詩文的優點約可歸納爲四端：

（一）使文學論著與評論精確明瞭

（二）糾正歷代文學論著與批評之錯誤

（三）補救文學理論所不能及的地方

（四）規定出詩文的優劣標準

這篇文章的後半段道出我的主張，主張之理由及理由之證明，因而讓我把眞正的主題寫在最後：我主張以心理學，生理學，美學等科學知識來解析詩文，當然在分析的過程中是得運用數學的，但不是撇開其他有關的科學知識而成詩的純數學觀。

有關自由中國名詩人高準之「雨季夜」及余光中教授之「火星大使的演說」二詩，鄙見前者頗近於「分行的散文」，以其雖具備詩的形式，但其境界實未達於詩，亦即不能以詩之感覺刺激讀者的心理之故也，後者則堪稱「科學幻想童話」，我計劃在不久以後寫一文專論余光中詩人之鐘乳石詩集，對於此詩，將作較詳細的分析。

人多數是有保守性的，故一種反習慣的主張往往不容易令一般人所接受，不過我們將樂於答覆每一個駁問。

眞理愈經反對也愈覺顯明，每當眞理駁倒敵論，它都把自己解釋得更加明瞭，反對眞理等於在傳揚眞理，而錯誤一遇到反對就顯出虛僞，所以詩哲秦戈爾在漂鳥集說：WRONG CANNOT AFFORD DEFEAT BUT RIGHT CAN.譯成中文就是：「錯誤不能忍受失敗，但眞理能。」

也許我們的見識頗爲膚淺，但是朋友，請相信我們的心是誠懇的。」

——壬寅年桐春上旬於華僑公共圖書館

神與教會

宗教家解釋神，均以為神是擁有超人的能力，在性格與行為上不似人一樣的受到空間與時間的影響或限制，基督教（此地指Christianity非專指基督教之新教而言），更以為神是宇宙中唯一之完全者(Perfect Being)，無論在品行抑或在權力方面；而且神是宇宙的創造者，是宇宙中一切精神與物質的主宰，哲學家與科學家嘗絞盡腦汁，企圖探討出宇宙與生命之發生，結果就產出宇宙論，本體論及其他種種理論，然而有些理論都有同樣有其缺點，所以聖經中之宇宙神創論，既不能被證明，然亦不能被推翻，因而宇宙是否為神所創造及神是否存在之問題，我們姑且容將來的哲學與科學去確定或否定它。

宇宙的無限與生命的奧秘給人產生崇拜與畏懼的心理，宗教就是以這種心理為出發點，利用人類的畏懼心理，教士們將宣示：人只有在神的無限與大能之內才能得到安息與慰藉。

教會在名義上是尊神為大，教會是神的意志的表現，教皇是整個教會的元首，是最接近神的人，但觀中世紀的教會（中世紀是基督教最興旺的時期，基督教似乎統治著整個歐洲），許多史實可以告訴我們神被教會分屍，神的意志受教皇所控制，由是可知神與教會往往是距離得很遠的。

中世紀的教會以「教法會議」(Council of the Church)來決定神的構成、性格、意志等等。如公元三八一年之教法會議(Council of Constantinople)斷言聖靈(Holy Ghost)乃相等於聖父(God the Father)與聖子而構成神的「三位一體」，又公元四三一年之教法會議(Council of Ephesus)解釋基督只是「三位一體」之一的教義，及肯定聖母馬利亞是神的母親，再者公元四五一年之教法會議(Council of Chalcedon)決定基督具有神與人兩種性格，上述就是教會把神分屍的一部份血淋淋的史實。

中世紀猶稱歐洲之黑暗時期，當時教皇掌握著極大的政治權力，教會擁有巨量的財富，教皇的行爲與其說是遵行神的旨意，毋寧說是政治的，這時候許多清正的教士如Peter de Bruys, Arnold of Brescia, John Wy Cliff, 及Lallards人目睹教會的腐敗，而極力主張教會與教士不應擁有俗世之暫時財富與權力及其他多種改革，但多被咀咒與殘殺，可見神聖如教皇，當財富與權力接近他時，他也會選擇財富與權力。人，同樣是抵抗不過財富與權力的誘惑，如果教皇可被原諒，那麼走私者與作弊的政客更應被原諒了。

在名義上，教會與神似乎是分不開的，但有許多時候神與教會離開得最遠。

科學的進步，人類對於宇宙也漸有了部份的瞭解，於是宗教的勢力亦就不似過去那麼興旺，但是還有許多人想在宗教中尋找最後的安全感。

小說

「湊巧」其人其事

我所以想寫關於「湊巧」這位朋友的事，是因爲他不是偉人，更不是聖人，亦沒有具備任何特出的人格，他是個寂寂無聞的人，是個普通人，一個普通人生活在這新舊交替的年代，生活在這當多數人對於新禮教的優點還躊躇於接受，對於舊禮教的毒害還不甘放棄的華僑社會，他也許是我，他也許是你，他也許是他。

我第一次遇見他是在某大佛寺裡，他很虔誠的跪在那三尊沒有表情的佛像前，手中奉著香，看樣子他是在祈求著一些甚麼，我只漫不經意的由大雄寶殿前走過，第二次我再遇見他是在天主教堂中，他很悔恨的跪在神父面前懺悔，這次我確有點驚愕，我想第三次我又會在什麼地方遇見他呢？在回教徒之中嗎？然而我猜錯了，因爲當我第三次遇見他，他是拿著聖經自基督徒聖會所走出來！以後我更常遇見他，並發現他原來只住在我家的附近，後來相碰頭時他偶而也跟我點頭。

我只知道他的名字叫英俊，姓什麼？也懶得去查究，「湊巧」是他的同伴所給他取的渾號，據說是因爲他的尊容長得難看，而人們習慣上都相信上帝定不會創造難看的作品，因而大家就斷言他定是湊巧被生出來的，於是大家都喚他「湊巧」，而不去理會那個跟他的眞面目有著相反的內容的名字了。

第一則 戀愛

對於戀愛，「湊巧」君起初有著最單純與聖潔的觀念，據聞他在中學時代曾經眞誠地「單戀」上他的一位女同學，雖然他從來就提不起勇氣去跟她交談，甚至打招呼，然而他每日都給她寫了一封滿滿三張紙的情書，但都不曾付郵或者交給她，而對於每一封信他都自己居於她的地位來為自己作最滿意的覆信，然後裝入信封，書上自己的住址，然後放在自己的寫字桌上，有一次他的朋友們來找他聊天，無意中在他的桌上發現這些回信，於是翌日這件新聞就由「接耳」的形式傳遍了全班，再過不久不知怎樣地竟洩漏到「她」的耳中，她因為受不起同學的嘩笑，幾個月後就停止到學校上課，於是「湊巧」君失戀了，他的內心受到極嚴重的打擊，有一晚他竟然服毒企圖自殺，幸而及時被他的家人發現，急忙把送他到醫院中，而把我後面所欲繼續寫的故事——他的生命的一部份——救活過來，之後有許多人譏笑他愚呆，白癡，其實「湊巧」君的行為總較那些玩世不恭，玩弄愛情的花花公子更合人性，也更應該尊敬。

「湊巧」君的宗教和女人有著很大的關係，他本來是很鄙視佛教的，他以為佛教是迷信的，只有那些纏腳及沒有受過教育的老太婆才會去相信它。然而後來他發現某大佛寺前竟時常有妙齡少女出入；他詳細打聽一下，知道原來是該寺新近組織了一班什麼音樂團，而那些每星期天必到佛寺裡唸佛的老家長們認定這是自己的千金最適合於參加及最正當的團體，於是都放心讓她們去參加訓練而且更令「湊巧」君深感興奮的是該團之男團員並不多，而女團員又都是美麗文靜的女學生，「湊巧」君聞此，以爲良機不可失，自問自己平時亦能哼幾句牛仔歌，於是急忙託朋友爲自己報名加入，聲稱自己最近皈依佛門，於是一星期後他也正式成爲該團團員，就這樣的，音樂團的男團員增加了。

失敗的後果並不是完全壞的，第一次失戀的經驗使「湊巧」君對於女人之心理有了進一步的瞭解，現在他知道怎樣去掩飾自己的弱點，怎樣去討好女朋友的歡心，他並知道謊言常常較眞誠的愛更能贏得少女的心。

這回他看上團中的一位美麗大方的女團員，人是感情的動物，由於團中經常有練習，故彼此時常有接觸的機會，他們兩人的感情就隨著練習的次數而增加，後來更於練習時間之外私自約晤，海濱，倫禮沓，戲院，亞蘭禮沓圓劇場及其他地方，他們兩人都曾遺留下許多甜蜜的情話，最後「湊巧」君就央求他的伯父陪同他到女家去求婚，女方的母親雖不是個老太婆，但卻信佛信得發昏，她回答「湊巧」君的伯父的話是：對於吾女的婚事，老身不能作主，小女自己更不能作主，待吾叩問佛祖後再談，三日後女家給「湊巧」君的答覆是：女方的母親抽了壞籤，婚事不必再提！於是他們兩人的愛情就僅因爲一根「壞籤」而被拆散，不過這回他所受到的打擊已不像第一次那麼嚴重，因爲挫折已逐漸把他自純潔與無知之路上引入世界混濁的潮流中，所以之後當我問他：「你當眞篤信佛教嗎？」他笑笑地回答我：「我所以會醉，不一定是因爲我眞的曾飲過酒！」

第二則　社會

「湊巧」君所生活的是個畸形的社會，在這裡，人們樂於付出巨款以獲得虛僞的慷慨，卻不願意施捨兩分錢以換來眞誠的同情與憐憫，尤其令「湊巧」君難解的是：當大部份僑社的領導者都患了在宴席中與開會時遲到的惡習，卻每常在演講台上高聲呼籲僑胞們應守時及遵行新生活，對於這些，「湊巧」君心中非常憤怒、不平，但是他不敢責問，因爲他知道他一旦發言，就會被視爲背叛、造反。

是星期天，「湊巧」君自甜夢中被鄰居的吵鬧聲驚醒，他揉揉睡眼，這時大兄剛從房外經過，「湊巧」君忙問道：「鄰居發生了什麼事？」大兄不耐煩地回答：「還不是照樣那一套：她的丈夫昨夜在外面又輸掉了一間鐵釘廠，現在她在他的面前一面摔破傢具，一面啼啼罵罵，大吵大鬧。」大兄說完這幾句話就匆匆地走開，「湊巧」君等大兄走後，皺了皺眼皮，自言自語地說：「此刻他的丈夫又輸掉了一副傢具！」

八時了，「湊巧」君用完早餐，眼見隔鄰那齣「鐵公雞」還未結束，於是他便拿起經，決定到禮拜堂去親近神，聽聽神的聲音，他假定神的言語可使自己紛亂的心情得到安寧。

途中，他伸手摸摸衣袋裡的眼鏡，幸而它並沒有被遺忘在家中，想起最近禮拜堂的歌詠團又多了一位美麗的女高音，看來今天當牧師講道時自己是不會再打瞌睡了。

這時迎面來了一個老丐，向他伸出求助的手。「湊巧」君恨恨地向他瞪了一下，吐了一口涎水：「可恥，不欲付出汗滴的代價，專想依賴別人。」於是他頭也不回地走離那個老丐。

當他抵達禮拜堂時，崇拜會正在開始，主席宣佈大家一同翻開聖詩第八十六首「當肅靜」，「湊巧」君想：又是老調，唱完聖詩，那個據說是老處女的校長就把捐盤奉出，在台上提醒教友們：「請記得我的主告訴我們的話：施比受更有福。」說畢便把捐盤傳遞到每一個教友的手中，當捐盤傳到「湊巧」君的面前時，「湊巧」君遲疑了一下，鄰座的人已將該木盤接過，並熟練地把一張十元的鈔票放進去，「湊巧」君向站在一邊等待收捐盤的人一看，但覺得那人的雙眼向自己一瞪，眼中似帶有輕視之意，這時「湊巧」君不由想起剛才途中之老丐者，他覺得自己對不住他，因爲牧師雖然跟乞丐一樣不願付出汗滴的代價，但乞丐總比較坦白也比較容易知足。

「湊巧」君的父親是某社團的理事長，雖然他只懂得書寫自家的「貴姓大名」，但卻一直擔任著某校的董事長，「湊巧」君的祖父自從五十歲那年起就跟醫生打上交道，六十歲以後就一直跟醫生成爲好朋友，是以他後半生的世界就只有「床」這麼一個長方形的面積，如果沒有依靠兩三人的幫助、扶掖，是罕得越過自己的「領土」的。

這日，「湊巧」君的祖母對「湊巧」君的父親說：「我兒，前幾天X街失火，你又從那條保險費賺了五十萬，我想你父親與老身眼看也都行將就木了，如果能擁有我家後面那座靠海的新別墅，那邊空氣好，與子孫們又接近，你父辛苦了一輩子，未死以前，總該令他享受一下才是。」

「湊巧」君的祖父在病床上，急忙搖著手說：「不成，不成！要買那座新別墅得花費一筆數目甚大的款項，太破費了！兒子，我只希望能得到一張比較寬大的床，我的病體要移動時也會比較來得方便。」

「不錯，購買別墅的確是太浪費了，而欲購置一張較大的床嘛……」，「湊巧」君的父親略一停頓，接著說：「也得等我把那輛六十三年型的汽車買入後，過一個時期再談吧。」說完他就開門出去。

不幸再過數週，「湊巧」君的祖父母就雙雙瓜直了。「湊巧」的父親便特地託人到美國去訂製了兩具價值五萬美金的全鋼棺木，且花費了三十多萬元，建築了一座皇宮式的墓屋，這樣整整忙了將近一年的時間，才算了事。

有一回，「湊巧」君問其父道：「爸爸，祖父在世時你不願購買一張數百元的床給他老人家享受，爲何在他死後你卻願意付出五萬元的美金來購買棺木呢？又祖母在世時你說購買一座別墅給他們享福是浪費，難道建築一座皇宮給死人住就不是浪費嗎？」聽了這話，「湊巧」君的父親面上由紅而紫，於是賜給「湊巧」君一個重重的巴掌後說：「畜生！住口，對於這個社會，你知道什麼？」

而對於這個社會，「湊巧」君知道什麼呢？

當人們都陷於錯誤與虛僞時，眞理將遭受譴責甚至殘殺。

活魚的難題

——死魚沒有難題，牠們只須隨潮逐流——

（1）默哀：

——活魚的難題是牠們必須逆潮而游，反潮流的過程是悲哀的——

我嘗在深夜聽見悽愴的簫聲，頓悟生命是一支歌曲，而我將褫奪造化手中的洞簫，牠把我命運之歌吹得悲切。

一九六〇年　雨季．馬尼拉．

已有好幾天沒有看到太陽，午後岷市又吹過一號颱風的警笛。我在暴雨中走著，雨淋浴著蹲坐在一邊的岷倫洛教院，淋浴著這座平臥在M. DE BINONDO街之兩岸而連接著中斷的SAN FERNANDO街的古老的石橋，雨不停的下著，豆般的雨點打在我激動的面上，我聽見命運的簫聲沈沈。

北風終於藏起它悽厲的口哨，雨的步伐變得很輕，我轉入這條被黑水河平分的M.DE BINONDO街。二堵狹窄的堤岸勉力地擁抱著雨中變褐色的河水，沿著筆直的堤岸走去，前面有座曲背的木橋，步上那潮濕的橋板，在橋上略爲停頓，橋下也出現我頹喪的面孔。啊！朋友，你是我的倒影呢？抑是我是你的倒影？

沈思著走下木橋，遠遠地見那小店的老頭兒在門外打掃著雨水，他見我走來，停下手中揮動的竹掃帚，打招呼道：「『堂的』，這麼潮濕的天氣還沿路尋覓著什麼呢？萬一眼睛掉在積水中就不得了呀！」看他神秘的笑容，我猜定是自已剛才的神情被他看到了，於是也打趣的回答道：「還不是在尋著自已的影子嗎？前天在避雨的時候不知道把它遺忘在那兒？」說著稍爲駐足，等待他掃門口的積水。

「放心呀！陽光一出來你不是又會尋到它嗎？」他一面回答一面急急掃著剩下的積水。

「你說陽光嗎？唉！」我微微的喟嘆，繼續說下去：「這幾天來就難得見到陽光，整天聽那些雨點的哀曲，心裡總是沈重得很的。」

「露絲來過了嗎？」我習慣的問道。這時我已在中間揀了個位子坐下，這小店就只有這麼一條長方形的木桌，雖然靠近牆壁的一邊還有一隻四方形的桌子，並不能引起我多大注意。

「今天下午她倒是來過了，但又匆匆離去，臨走時似曾吩咐了些什麼……」說到這裡，老人微微低下頭，語調變得很慢，似乎極力地從自已記憶的鏽匣中翻尋著一些東西，忽然他提高自已沙啞的嗓子叫他那二十歲的大孩子：「阿呆！阿呆！」叫了兩聲沒有聽到回應，不覺嘆息一聲埋怨道：「這個孩子就是這樣沒出息，一天到晚都是在赴什麼派對啦！你想想看，少男少女擁抱在一起，燈光又是黯淡的，這還成什麼體統？這時準又是到對面那阿狗的家裡去學跳舞了。」

「老伯！你獨自關在店中可知道外面日曆換了多少本嗎？時代已不同了，你年紀也已經這麼大，這一些我勸你還是把他看得開一點吧！」我把話題輕輕避過，又問他關於露絲的事：「露絲是不是說她下班後會再來這邊，吩咐我等她麼？」

「對了！對了！她大概是這樣吩咐。」老人面露喜色，之後又搖搖頭說道：「本來大家樂我也並不是聽不懂，不過這一個年頭耳朵也聾了，記性也壞了，眞是老來就沒有用！」說完又是長長的一嘆

「照樣來一杯沒有糖的咖啡吧！」我沒有理會他的話，爲了生怕他會再把那篇永遠不會有結尾的回憶錄又嘆息又呻吟地唸將起來。

這時露絲從外面走入，很燦爛地笑道：「又是沒有糖的咖啡嗎？」說著她在我對面坐下，老頭兒微笑著爲她端來一杯有牛奶的咖啡。

「又是沒有糖的咖啡，你說它苦澀嗎？」我聳聳肩漫不經意地說道：「其實，這社會就是攪了再多的糖，也見不得會比它甜。」

「大衛，據說我們兩人的事你家裡已經知道了，眞的嗎？」她有點焦急地問道。

「知道又怎樣呢？」這件事情除了沒有做，是不能長久瞞著人家的。反正我做事情又並不怕人家知道。」我理直氣壯的說。

「但是，大衛。」她明亮的眸子中流露出淡淡的憂鬱：「你不是說你的父母親都反對我們的愛情嗎？還有你的親戚，他們都反對你、嘲笑你。」說到這裡，她忽然低下頭，很後悔似的說道：

「我恨自己生爲菲律濱人！」

「啊！露絲，請不要這樣說好嗎？不要因爲遭遇的不如意而埋怨自己的命運。」我噏了一下口涎：「橫豎我很早就已經是收了帆的船，風浪怎樣的大，我也將用木槳選擇我自己的方向。」我咬緊牙根很沈痛地說了這幾句話。

「我覺得我應該讚頌你的堅毅。」她笑了然後又激昂地說：「有時想起我們的前途，很多磨折，我會非常的悲觀，但當我記起你的堅毅時，我又覺得這些磨折不過只是我們旅途中的插曲。」

「談一些別的好嗎？對！我提議明天這個時候如果沒有下雨的話，我們到海濱走走，妳以爲怎樣？」爲避免她再提起那令我難堪的事，我這樣地建議著。

她只微微地一笑，但有什麼答案比這更能扣動我的心弦？我頓似在自已單調的旅途中拾到一曲清歌。

雨季的天空本來就有著淡淡的寂寞，這時夜已披起喪服來點亮馬車邊那盞黯淡的油燈，四周顯得格外蕭條，我攜著露絲的手走出小店，雨已尾隨著白晝而去。打瞌睡的夜聽不清我們很輕的足音。

經過一夜的沈思，上帝在第二天突然變得十分興奮，祂把自己晴朗的胸膛顯示給大地，我與露絲抵達海濱已將近六時，我們沿著那被海浪雕刻得斑爛不平的石梯走下堤岸，揀一塊平伸向海中的岩石坐下。這時黃昏在港口張開黃金的帆，它在向我們發出美麗的告辭，然而，它默默，我們也默默。

「露絲，妳看，那艘載有太多黃金的船就要沈沒。」我指著那快要逝去的暮色說道。

「眞的，這暮色的確是金銀島的一面寫照。」她微微撥動自己那浸在水中的潔白的雙腳，眼睛望著遠方附和著。

忽然她把身體靠近我的懷中：「大衛，你以爲海偉大嗎？」海水依偎著她可愛的足踝，浪的繪畫很差，它把我們的像畫得歪曲不堪。

「海怎會不偉大呢？他讓大船在它的胸膛上行駛，他不但容納龐大的落日，甚至容納渺小的貝殼，他容納一切而從不會發過怨語。」我的聲調有點激動。

七時了，黃昏似乎載去太多的黃金，夜顯得分外貧困，我們上了堤岸，在石椅上坐下，蒼白的月光下，我們的憂愁已經變得很模糊，它的淡影被我們遺忘在草葉上，忽然露絲用很低沈的聲音說道：「大衛，我擔心我們是不是能永遠在一起。」她把我的手握得很緊，頭部無力地枕在我的肩上。

「啊！達令，如果你是大海，那我就是一條小魚，大海是不用擔心一條小魚逃出他的懷抱的。」我把她擁得更緊，在這刹那，我的潛意識浮現一個可怕的念頭，我深恐我會失去她，雖然周圍是寂寂的，但我仍怕有人會把她從我的懷中奪走。

時間並不像我的心情一樣的樂於逗留，我見她有點疲乏，就提議早點回去，她起初似乎不甚願意，後來就答應了。我們在栽種著一排排不知名的樹的路邊等車。啊！葉子們定是很寂寞的，它們在夜風中有沙沙的嘆息。

把露絲送回家後已是九點多鐘，我把家裡那扇木頭門輕輕地叩響，我希望他們快快把門打開，但我希望他們再也不欲把門打開。

然而門終於開了，看他們的陣容，我知道他們又預備再向我宣讀那篇又長又臭的「約法三章」了，但這是現實，我不能逃避，也不欲逃避，於是我壯一壯膽子，就硬著頭皮走進去。

「聽說你今天晚上又跟那個番仔婆走在一起，這可是眞的嗎？」是父親嚴厲的聲音。

「不錯，」我沒有否認：「但是，爸，你何必苦苦地阻止我與露絲在一起呢？請相信我，露絲是個很好的女孩子呀！」

「鬼才相信，番仔婆那有一個是好的。」他咳嗽了二聲繼續說道：「就說對面那個老王吧，他那間菜仔店不是被『番仔婆某』吃倒的嗎？還有後面那個小黃，一天到晚就與『番仔婆某』在鬧鐵公雞。」

「可不是嗎，番仔婆無非想吃、想用，老了就乾脆把你趕掉。」母親在一邊插嘴道：「還有你別以爲你跟她結合，只須到婚姻註冊處取張結婚證書，再到教堂稍爲唸唸經，二塊錢都用不完，事實上，並非這麼簡單，番仔婆都是拖泥帶水的，你一旦被她纏上，就連祖宗十八代，什麼三十六房遠親都賴在你家中讓你供養，到那時你的脊背被太重的擔壓得彎曲了，後悔已是太遲。」

「啊！爸、媽，其實中國女子也與菲律濱女子一樣的，有好的、也有壞的，你們所說的老王與小黃的菲律濱妻子，都是他們胡亂來的，沒有經過戀愛而結合純粹是出於一時的衝動，他們的結合會沒有幸福是必然的。」我痛苦地解釋著：「而露絲絕不能跟她們相提並論，她是個受過高等教育、又沈靜、又明理的女子，她還是她雙親的獨生女，而且我深知她們的親屬關係十分簡單。」

「你們讀新書的人，就往往有著一套花言巧語來騙我們這些老骨頭，說什麼自由戀愛有感情，實際上那些鬧離婚的都是自由戀愛的。」父親得意地笑了幾聲：「爲父的與你的母親不是由媒婆之言結合的嗎？到現在二十多年了，就很少吵過嘴哩。」

我知道自己就是如何地解釋也將屬徒然，因而索性以雙手緊捧著自己沈重的腦袋，默默地忍受著。

（2）黎明前的一刻

我的意志堅強的屹立在逆風中。我的性格是走極端的。我深知自己所做的是對的。在生命的旅程中，我未曾忘記把良心攜帶在行囊中。然而，我卻忘記在「舊歌永遠第一」的封建、固執的國度裡，唱任何新歌都會被認爲是在造反。對於這種叛逆，輿論自會把他們鞭撻得體無完膚。然後再把他們打入「社會冷宮」，擔保他們永世生活在「四面楚歌」的風水之中。

親友們冰冷的眼光，我倒是很容易習慣。我本來就是一個寡於言談的孤獨者。只是突然增加的新壓力，讓我腹背受敵，此刻我認眞有一點喘不過氣了。原來露絲的雙親因風聞家父母反對我們這樁親事，他倆老人家也產生門戶敵對的惡性連鎖反應，大概他們認爲男家既然反對，女家豈有不反對之哩！因此他們據理力爭，也非常劇烈地反對起來。

這晚，於送露絲到她家門外，本想識事務者早一點回家，想不到爲我們開門的，正是露絲的爸爸山道示。

「大衛，請進來稍坐片刻。」是一半邀請一半命令的口吻。

我以嫌犯接受盤問的心態，在客廳中的沙發坐定。

「大衛，你的父母反對你跟菲律濱人結婚。告訴你，身爲菲律濱人，我以同樣的理由極端反對我的愛女跟中國人結婚！對於你們的風俗習慣，我們無法理解。就像我們無法理解你們那濃黑的湯一樣。」

「山道示叔叔，首先容許我爲了這事，向你以及你的全家表達我十二分的歉意。不過我的父母反對我跟露絲的婚事，絕對沒有絲毫種族歧視，或看不起菲律濱人的因素。你得了解我的父母自幼是虔誠的基督徒。先生，你雖然身爲天主教徒，但我相信你們讀的是同一本聖經。聖經中創世記（GENESIS）第廿四章　記載，阿伯拉罕（ABRAHAM）年老，囑其老僕必定得往本家爲其子以撒（ISAAC）娶妻。我的雙親一向迷信聖經，他們的固執以及不開明的思想，希望先生能多多原諒。更何況，任何反對都不會動搖露絲跟我的婚事。」

山道示夫婦鑒於舊約聖經確有這麼一段記載，也就不再跟迷信的人一般見識了。

過了幾天，特地陪露絲以及她的雙親到中國餐廳品賞「黑四物燉黑絨雞」，山道示夫婦第一次賞得這種美味可口，湯黑，雞也黑的唐山秘方。眼界大開，稱讚千年古國的文化遺產，才能有如是非但滋補強身同時美味開胃的天然藥材處方。

餐廳附近，步行的距離之內就有中藥店。我不但指導他們一家如何購買「四物」，還到他家親身下廚，現身說法。讓他們知道煮四物湯原來這麼簡單。這「一石二鳥」的妙計：第一隻鳥是，山道道示一家人對於中國秘製的黑湯已徹底的拋棄了成見。第二隻鳥更妙，露絲的媽從此經常留我在她家吃「四物燉土雞」！

解決了一部份的問題，彷彿是看到一線曙光。但是黑夜離開天亮到底還有多遠？這時期的我，處身於黎明的前一刻，極端的黑夜隨時會把我呑沒。露絲之雙親方面的阻力雖然已被中和，不過最基本，死硬的阻力卻來自生我身體、養育我成人，愛我勝過自己的父母。而孕育他們的是歷史悠久，規模龐大的傳統。傳統塑造出他們的封建思想。如果為封建制度畫一幅肖像；封建的頭部是有一對嚴厲有神的眼睛，一個蠻有權威的鼻子（兩個鼻孔向天），一張血盆大口，但是卻沒有耳朵，因為他從來不聽理由，不能妥協的。我深深敬愛我的雙親，如今為了我的婚事讓他們老人家受到極嚴重的傷害，對於這點我私底下十分痛心。因為我絕對無意傷害他們，而他們做夢也想不到，他們眼中一向最順服的兒子竟然會這麼不聽話，突然好似中了邪一樣的，變成家中的叛逆。而造成這場糾纏不清的對立跟矛盾的基本因素卻都是「愛」。出發點一樣，眼光不一樣的愛。父母跟我的出發點都同樣希望我幸福，不過封建的眼光是向後看的，他們只知道：「同胞們，五百年前我們是一家人。」而我的視野比他們大，我的眼光是向前看的，我知道：「五百年後全人類是一家人。」

我高中的級任陳老師，是中國燕京大學物理系的高材生。我們一直忘記問他為什麼會到我們的學校來教國文。不過有一點可以確定的就是，他國學的根底也相當深厚。他當了我們三年的級任老師。三年之中，同學們不但於國學方面的造詣，雖不敢自誇已登堂入室，但大家自信皆已熟悉入門之途徑。甚至對於物理學亦得稍窺堂奧。同學們於假日也成群到陳老師家學習書法。什麼漢張遷碑，魏碑，王羲之草書，顏體，柳體，楷書，行書，隸書等等。起初同學們面對一堆舊墓碑，字體非但殘缺不全，同時也寫得比我那讀小學一年級的弟弟還難看。看到這麼多的破爛，我們還以爲陳老師也精通考古學哩！後經陳老師不斷耐心的開導，才明瞭這些碑帖正是前人的眞跡，學習書法入門必先臨摹名家碑帖，一旦練就碑帖中每一劃的骨力，掌握了各家的神髓，這才叫小成，因爲這階段的功力再高，也終歸只是冒仿。冒仿得再好也只不過是前人的影印本，是多餘的垃圾。眞正的藝術家一生的目標只有一個：就是對於前人的創作有所突破。有所創新。眞正的書法家應該超越古人，必須從碑帖中脫出來，自成一家。因爲創作就是藝術的生命。

沒有創作的藝術家就是死魚。有創作的藝術家就是活魚。而活魚的難題就是創作，創作如果是容易的題目，魚攤上也不會盡是死魚了。

俗語說：一日爲師，終生爲父。陳老師跟我們這班同學們的感情就眞的像父子一樣。畢業之後還是經常有聯絡。這天陳老師忽然來了一個電話請我到他家一趟，說是有要事跟我面談。陳老師就住在學校附近，畢業之後這是第三次再來這以前最常來的地方。手才要去按門鈴，陳老師已從裡面把門打開，我習慣地沿著陳老師練書法的那張桌邊坐下。老師去爲我倒了一杯茶，在我對面坐下。立刻開門見山的說：

「大衛，昨晚你的父母特地造訪寒舍，爲了你的婚事，令堂更是聲淚俱下，他們一定要我好好的勸勸你。令尊令堂這麼守舊；我也想不到你會去要了一個菲律濱女孩子。這到底是怎麼一回事？」

「老師，這是我的終身大事。我相信你一定會明瞭，純眞的愛情，可遇不可求。露絲是我大學的同班同學。我們一見鍾情，幾年的相處，令我們深深的感覺到，只要能在一起，我們就會很快樂的。我相信結婚之後，我們將會擁有最幸福的家庭。老師，請相信我，如果我有絲毫選擇的餘地，我一定不會這樣傷害我的父母的。」

「那麼你是否考慮到傳統，以及華人社會的輿論等等問題？」

「老師，華僑社會的封建傳統，是一個眼光向後看的固執老東西。它的理論根據是那已經退時的家族觀念。近代由於交通以及資訊的發達，人類已由狹窄的國家觀發展爲博大的世界觀。國家主義是對立的，保護主義的。世界觀是友善互助，開放的。我相信人類只有通過不分種族，膚色的友善互助，才能建立和平、美好的將來。實際上華僑既然已經在菲律賓扎根、結實、同化，實在是促進兩個民族和睦相處的明智過程，同化可避免兩個民族之間痛苦的磨擦與傷害。而通婚正是同化的捷徑。老師，這是我的終身大事，我深深的了解傳統一定不會輕易放過我的。不過身爲一條生猛的活魚，就應該逆潮而游。」

「最後一個問題，大衛，你是否考慮到優生學方面的問題？」

「老師，不同種族通婚已顯示能生產更優秀的下一代。你看，我國學術大放異彩就在五胡亂華之後，因爲漢族跟胡人通婚，一個已經快要老的民族，忽然被輸進了大量的新血，於是在學術方面自然而然地展開了空前的新局面。很多經驗告訴我們，異族通婚所產生的下一代，不但更美麗，更聰明，同時也更優秀。事實上，我們可以稱這爲優生學的進化論。老師，你看目前許多電影明星都是混血的。而且你不是說；如今中文班名列第一、二的學生，反而是那些混血的「出世仔」。我以爲今後世界的交通，資訊會更加進步。人類遠近的接觸面一天比一天大，人類的流動性也將一天比一天大。人類唯一的新希望就是，藉著全人類的大通婚來消除各種族與膚色之間的隔膜。創造更優秀，更美麗的新的人類。這新人類到世界任何地方旅遊都不必簽證。老師，這不就是你我夢寐以求的世界大同嗎。」

陳老師聽完我的長篇偉論之後，笑著對我說：

「受人之托，本來是要說服你的，想不到現在反而給你遊說過去。眞是後生可畏。這就祝你們倆位婚姻幸福了。」

「老師，我們已經定於下個星期日於證婚處結婚，你跟師娘是誼父母。不要遲到！」

這可能是全菲僑社最簡單的婚禮了。主婚人：山道示夫婦；教父母（誼父母）：陳老師夫婦。新娘：露絲；新郎：大衛。加上一個證婚人，再加上上帝，一共八位。廣東人相信八是最好的數目，我深深的同意他們的祝福。

婚禮之後，沒有奢侈、鋪張的宴席。更沒有市儈式的憑卷入場。八位一起到中國餐廳去品賞「黑四物燉黑絨雞」，外加幾樣地道的福建小菜。這就是一場莊重、嚴肅的婚禮過程。

回到新居，來道賀的親友已擠滿一廳。露絲特地備了幾樣精美的點心。我笑著對他們說：「春宵一刻值萬金，拜託你們千萬不要久留！」

（3）天亮之後

——記憶有時是短命的。天亮之後，你是否還記得昨夜的惡夢？——

時間是一九九六年，五月。以前的MANILA現在已發展爲GREATER MANILA/METROPOLITAN MANILA。車子比以前增加了數百倍，車路比以前增加了數條。因而車子只有跟行人的速度一樣散步。

我開著新買的寶馬（BMW），夫婦倆跟最小的女兒到機場去迎接到美國行醫的大兒子跟大媳婦，大媳婦是美國人，是扶產科的。大兒子是心臟專家。大兒子本來是菲律濱公民，在菲律濱參加過政府醫學會考名列前茅的。現在已成爲美國公民，決定在美國定居了。這是五年來第一次回來，也許帶了媳婦來見公婆吧。老二是電腦專家，因爲他懂得華語，被外交部派到中國大陸。在那裡認識了一個西安的女孩子，結婚之後不久，竟然轉成中國籍了。根據我多年的觀察，以前是屬於大男人主義的時代。所以以前是「嫁雞隨雞，嫁狗隨狗」，現在是「娶雞變雞，娶狗變狗」。相信不久的明天，大女人主義勢將大行其道。

眼看露絲那美麗長髮中已夾雜著不少的白髮。我忽然驚覺，孩子們竟然一下子都長大了！難怪我會經常沈醉在回憶之中，任何人，一到了我這把年歲，兒子都離開了，最有意思的運動就是回憶。不必花一毛錢，隨時可以看一部這麼長，自已永遠是主角的歷史電影片。這部電影中，兒子們永遠是天眞可愛的孩子。正當我想著那天眞可愛的孩子，忽然一個天眞可愛的金頭髮，綠眼睛的小孩子爬上我們的車上來，小口中一直叫我「公公」，後面緊跟著高頭大馬的洋母親，最後面是我們的傻兒子。

家母的性子最倔。當時她爲了表示堅決反對我這樁婚事，她跟家父乾脆連婚禮也不列席。之後是有點後悔，只是那婚禮可不能像LASER DISC一樣，可以回轉（REWIND），以讓你彌補心靈上虧欠的一角。還好，於我與露絲的銀婚紀念，他們很早就列席了，算是補課。雖然家母對露絲有偏見，而露絲一直還是媽媽長，媽媽短的，認眞的十分愛護她老人家。人畢竟是感情的動物，雖然冰封三尺，但是只要熱度足夠而持久，再硬的冰也有被溶解的一天。露絲對家母誠摯的愛，最後把家母成見溶解了。最近婆媳倆相處得蠻親密。家母還不時向親友們暗中誇耀：我們這個菲律濱兒媳婦，比任何中國媳婦還要賢德。

我家最小的女兒，今年就要華業菲律濱國立大學，商業管理系。我們的家本來就是一個自由的國度。女兒的男同學，男朋友很多。其中有中國人、菲律濱人、甚至有幾位是從中國大陸來的，據說他們的父母很希望他們能娶得一位懂華語的菲律濱女孩子，因爲他們大部份還不懂菲語跟英語。一方面可解決居留問題，另一方面也能幫助他們管理事業。對於我來說，中國人、菲律濱人、美國人，都是人類，他們之中，都同樣有好人有壞人。想到這裡，我覺得自已眞的是老了，顧慮得太多了。女兒都快要大學畢業了，這是他們的終身大事，就讓她自已選擇吧。兒孫自有兒孫福。

後記：這篇「活魚的難題」分三段：（1）默哀，於MAY 28 TH ,1961。刊載於華僑商報的華僑週刊。（2）黎明前的一刻，以及（3）天亮之後，MAY 18 TH, 1996。脫稿於MANILA。

悼念平凡

你我的友情不因你的遠去而緣滅

葉來城

詩人平凡於一九九六年九月十三日(星期五)的黃昏悄悄地走了,雖沒揮一揮衣袖,卻留下了繽紛美麗的雲彩,給人仰望,給人嘆息。

詩人平凡負笈中正中學唸高中時,因對文學之狂熱與執著,單槍匹馬,獨自在報刊上開闢一片天地,努力地辛墾著,於是他遂成了辛墾文藝社盤古開天的社長與唯一的社員。

詩人平凡爲了使更多志同道合的年輕人共享這塊心靈的樂園,邀請了許多愛好文藝的同學一起筆耕,爲菲華文壇注入一股清流,增添了一股力量。

平凡爲人瀟脫不羈,幽默風趣,慷慨達觀,對文學的追求,宛若對宗教的信仰,虔誠崇敬。平凡喜交朋友,交遊廣闊,尤其因對文藝的眞摯,跟一些文友便結成了知己,結成死黨。從八十年代的文藝復興,大排檔文學小聚,落日大道四川樓文藝座談……到九十年代海陸軍俱樂部詩酒風雲,卡拉ＯＫ小唱……,我們這一票死黨,縱情於詩文,一個月幾次的小聚便成了不成文的契約，有時候一星期也忍不住要見面幾次，飲酒論詩，眞是人生一大快事。

詩人平凡幽默成性，偶爾喜歡挑逗人家，開開玩笑。有他在的地方，氣氛便熱鬧起來，笑聲不輟。平凡唯一令人詬病的乃是每次的聚會，總是姍姍來遲，如今，他卻提早走，讓我們這一票死黨的等待、盼望永遠落空，讓「辛墾」、「千島」失去了最重要的舵手，也讓菲華文藝界星光黯淡，棟樑毀折。

詩人平凡的才華是多方面的，無論小說、散文、論文或現代詩，都有不平凡的表現，他的爲人，固然是獲取友情的鑰匙，然而，他的作品才是眞正肯定他文學歷程的地位與受人的尊敬。

詩人平凡對現代詩情有獨鍾，絕不容許褻瀆，六十年代及九十年代的現代詩論戰，都有平凡的挺身護衛，令人矚目。

幾年前，跟平凡一道去台北參加「創世紀詩社」四十年社慶，平凡的詼諧戲，謔，把滴酒不沾的大詩人羅門強行拖下「酒海」，結成了莫逆之交，又因爲對詩的見解有所相左，兩人辯論到凌晨三時，互不相讓，針鋒相對。

平凡對文學是忠心不渝的，二年前，在他養病期間，更加勤於寫作，小說、散文、現代詩，佳作不斷湧現，達到了他創作的最高峰。尤其當他寫出了他一生最好的詩篇「你我的愛情是爲了家的成功而失敗」，震撼了菲華詩壇，這首詩成爲菲華詩人唯一入選由詩人余光中、蕭蕭主編的「八十五年詩選」，且由詩人瘂弦撰寫評語。

平凡在「懷泥水兄」一文中，云「我認爲生命本來就是一場治不好的病。這條路，早走沒什麼值得悲哀，遲走也沒有什麼值得欣慰。而樂觀地，我認爲生命是一場很長很長的夢，誰先醒，誰就比較快樂。」

然而，當我們看到詩人平凡積極不斷地創作，對生命充滿了信心，樂觀與鬥志，他的倔強，他生命的韌力，令人欽羨，令人興嘆，也令人心痛。

我一向不是很迷信的人，然而，當月曲了打電話告訴我你已遠去的噩耗，我除了無法接受這可怕又恐怖的事實（只因它來得太快，來得太突然，來得令人窒息，來得令人無法招架），忽然一個念頭閃過：平凡大去之日豈非正是十三號的星期五。是的，九月十三日的星期五，多麼不吉祥的日子。黃昏，馬尼拉灣的落日應該是雲彩繽紛，美麗動人的。此刻，天空卻陰陰沉沉，下著比眼淚更多的哀愁。

大概是今年二月吧，在千島的餐聚，你告訴我有時下咽比較困難，彷彿有物梗住，我要你檢查食道與胃。當時還給陳默數說一頓，埋怨我嚇你。其實，在以往，即使你的家人違和，你總喜歡跟我打商量，徵詢我的意見，我也傾我所知相告。

相知如你我，一向是不諱疾忌醫的，然當我探詢你體檢的結果，你卻閃爍其詞，想不到居然一言成讖，這實在是我始料未及的，誠如施穎洲先生所云：「你高大健美」又熱愛生命，喜歡運動，深諳生活的調節與樂趣，達觀幽默。豈會是輕易被病魔打倒之人，是以噩耗遽傳時，令人難以置信。

或許，兩年前的台北之旅（赴台北創世紀詩社四十年社慶），你已暗疾隱伏，斯時，在機場上，你忽然癱軟，兩手冰冷，臉色蒼白，只是歇息後，你彷彿又恢復了體力，大家也不在意了。

你筆名平凡，卻不平凡。

你病發後，以堅毅、無畏的精神去面對，在治療期間，每隔一段日子，你總會打電話給我，你曾經告訴我，你正在蒐集詩稿，要趕著出詩集，且要我幫你，當時我一口就答應了，是否你已有預感？急著要跟時間拔河。

你是位樂觀又充滿自信的人，病中，你還跟千島、辛墾幾次小聚，記得，在七月辛墾的小聚，你上台高歌一曲「能不能留住你」，當時，我們都暗地裡爲你高興、祝福，因爲你的開朗，以及你輕鬆自在的歌聲，已經傳達了病情穩定的訊息。詎料，此曲竟成爲自己的讖言，也成爲絕響。

雖然，病魔的陰影籠罩著你，卻無法讓你俯首認命。你一方面積極治療，一方面勤於閱讀與創作，使你的詩創作的生命攀上了最高峰，寫出了你一生最得意的代表作。你的遺作「你我的愛情是爲了家的成功而失敗」震撼了詩壇，獲得了千島同仁與詩讀者交口的讚譽與欣賞，沒有人會相信這首詩的作者，是出於一位罹患了絕症的人寫的。

病並沒有使你沮喪、崩潰，你的勇敢，你的愛心，除了愛你所愛的人，鍾情於第二故鄉——千島，更關懷中國的國運，你以沉痛的心情，在「你我」詩中，敘述與批判海峽兩岸糾纏半個世紀的怨懟，一字一淚，一針一血。

你我相識於五十年代末期，由於我在你手創的「辛墾」副刊投稿，就跟「辛墾」結下了一生一世的緣。

八十年代的菲華文藝復興，是你我友情的開端，爲了推展文運，爲了維護辛墾的尊嚴，你我攜手闖蕩文藝「江湖」，在一九八三年「辛墾」與「耕園文藝社」合作出版的「菲華文壇」文藝季刊，由於你我挺身答應承擔「辛墾」應付的出版費，「菲華文壇」季刊便順利地出版面世了。一九八五年六月，「太平洋經濟文化中心」劉代表宗翰博士行函邀請菲華各文藝團體之負責人及主要成員，參加籌備在岷舉行之「第二屆亞洲華文作家會議」，你代表「辛墾文藝社」爲該籌備會之籌備委員，而我則被推派爲總務主任。

「千島詩社」成立於一九八五年的情人節，我爲「千島」創始人之一，你因對現代詩之酷愛及鍾情，亦於同一年間加入「千島」。由於你之慷慨熱心，豪邁坦誠，「千島」於一九八八年二月廿八日假「菲華文教服務中心」舉行之第一屆會員大會暨選舉，你以一致票膺選爲第一屆之「千島」社長。

一九八六年「辛墾」、「千島」、「耕園」與「王國棟文藝基金會」聯合邀請台北詩人團舉辦的「現代詩研討會」，你我都扮演重要的角色，我包辦了住宿、旅遊、演講及座談會等地點之接洽與安排。而你，身居「千島」社長及「辛墾」永遠名譽社長之職，負起領導之責，使台、菲兩地的詩人增加瞭解，也豐厚了彼此間的感情，而最重要的是給菲華文藝界及愛詩的人，對詩的認識加深，引發了詩潮的高漲。使此文藝盛會成爲菲華文藝界最成功及最有吸引力的文藝講座。

爲了推展詩運，你獻捐鉅款，出版同仁詩集——「千島詩選」及「千島一九九〇」。

記得，「千島」陷入低潮時，主編的職位空缺，爲了不讓「千島」陸沉，你要我當主編，撐起「千島」的門面，而你是我唯一不斷的稿源，你我的努力與堅持，過渡了「千島」的危機，「千島」又生機蓬勃，向心力轉強，成爲一個嶄新的局面。

兩年前，赴台北創世紀詩社四十年社慶時，你我跟月曲了夫婦代表千島同「四度空間詩社」故林燿德、汪啓疆、林婷簽署了締結姐妹社的契約書。

一九八八年，「亞洲華文作家協會菲分會」成立，你膺選首屆之常務理事，而我職掌財政。在連任兩屆常務理事後，你不戀棧名位，急流勇退，辭卸「亞華」理事之職。

你是「辛墾」之創始人，對「辛墾」的淵源與感情，是沒有人可以比擬的，你認爲只有作品，我們才能立足於文藝界。不然，也不外乎是空有其表，混水摸魚而已。你要大家守住「辛墾」的一方淨土，努力創作，爲「辛墾」而辛墾，然後，把「辛墾」之作品結集，你答應要鼎力支持此書之出版。

二年前，我赴美體檢返菲，在美國行醫的六弟送我一支網球拍，要我多加運動，注意飲食。回來後，你邀我一起打網球，沒有學過網球的我，居然能夠跟你球來球往，後來更是跟你旗鼓相當，棋逢敵手。有人說：我無師自通，省了十萬塊的學費。你也誇我是這一票球友進步最快的。其實，我有自知之明，沒有經過正確方法的指導與訓練，是好不到那裡去的。何況，我只是爲了運動而運動，能夠跑一跑，出一出汗就夠了。

然而，倔強如你我，有時候也會連續打了幾個鐘頭的網球，始肯罷休。怪不得陳默連譏帶罵：譏我們把年齡給忘了，罵我們如此打法會造成運動傷害。

這兩、三年來，你我接觸頻煩，每個星期都要碰面幾次。除了一個禮拜打了三、四次的網球，還有文藝小聚，以及其它。

由於你我經常地聯絡、見面，你我也經常地相互切磋作品，談文論詩，眞是人生之大快事！仁玉告訴我，你治病期間，告訴她只要我看到你淤紫的雙手，就會明白是什麼一回事了。是的，我是看到了，可是我卻一句話都不敢問，心裡更沉重了。或許，你不願讓朋友擔憂，寧願自己承擔所有的苦痛。

八月底，已經好多日子沒有你的訊息，我彷彿有個預感，我告訴陳默：「大事恐怕不妙了！」陳默也有同感。

你天性急公好義，慷慨豪爽，對朋友總是先急人之急，憂人之憂。朋友經濟上有困難時，你甚至把妻子臨盆的預算，菲幣三千元的積蓄，毫不猶疑地傾囊相助，濟人之急。

多情如你，浪漫如你，當醫生把最後的病情告訴你，你反而冷靜地要醫生盡其人事，放手治療。面對死神的陰影，你除了無奈，把僅存的時間，反鎖房裡，跟你最心愛的人共渡。把往事喚回，把未來編織，此時此刻，情濃愁也稠。你絕想不到生命已是燈枯油盡，回天乏術了。

如今，你走了，你的噩耗使我失眠了幾夜，你生前的種種，一幕一幕在我腦海裡浮現。你風華正盛，生命力堅韌，事業有成，正是大有作爲的年齡，你的離去是誰也不能接受的事實。

你走了，文星殞落，菲華文藝界少了一支健筆，少了一位領袖人物，少了一位知己好友，少了「辛墾」與「千島」的一杜棟樑，少了一位文運的推動者，少了一位網球對手，少了一位酒伴。

你走了，「辛墾」與「千島」因你的離去而遜色與冷清，文藝的路是更寂寞了。

你走了，遺留下了親人的哀慟，遺留下了許許多多的悲傷與嘆息，遺留下了網球場上一片茫然與孤寂。

然而，生命的火花雖然已經熄滅，你的作品，你的爲人，卻長生在菲華的文藝史，也永遠永遠活在人們的腦海中。

安息吧！平凡，你我的友情不會因你的遠去而緣滅。

深夜裡的陽光

月曲了

雖然我與平凡是同學，但並不同班，讀高中的時候，正是五十年代末，菲華文風最盛的時期，很多同學都受到這風氣的感染，均投身於這巨流中，拿起筆從事文學創作。平凡早有慧根，才思敏捷，他的詩文已出現在各華文報刊，在學校中早就聞名，當他創辦辛墾社的時候，我也已加入了自由詩社，因此，在我們之間，多少有點門戶之見，所以每次見面，非常客氣，只點頭微笑，拍拍彼此的肩膀而已，直到畢業分手，我相信我們沒說上十句話。那時，他留給我的印象——是一個穿著「國術鞋」的詩人，常常在操場上，走廊間走來走去，傲氣十足，怕人不知他也是武功高強的。當時看起來很可笑，但如今回想時，總覺得他非常可愛。尤其他有一對世上最小的眼睛，讓你怎樣也無法穿越那條線，去窺探他的內心。

想不到三十年後，在侖禮沓公園，一個陽光還很冷的清晨，我看到平凡，他和我一樣，滿頭大汗在人群中晨跑，晨跑好像是逃難，其實都是在逃避歲月的追殺。這偶然的重逢，是多麼的興奮，忍不住抓住對方的手臂，問長問短，問生活。三十年不見，反而親切起來，誰不激動呢？天涯海角，他鄉遇故知。這次的相逢就是緣的開始。自從平凡加入了千島詩社，我們交往不絕，眞有那種相見恨晚的感覺，三天五天，就碰面聚談社務，泡在一起，煮酒論詩，有時忍不住，卡拉ＯＫ高歌一曲，在燃燒的日子裡，互相切磋，互相辯證，漸漸的我對他的見地，豪情開始心折，於是在一次參加同學會旅遊出國，旅途中坐船遊河的時候，我大膽地向平凡夫婦提出，將我的女兒拜他們爲誼父母。承蒙他們不棄欣然答應。因此，從好朋友而結爲「公巴例」。

可是，相知相交不及二十年，平凡竟然悄悄走了，平凡愛酒，但更愛說笑，即使夜深了該回家的時候，他也要講一則笑話然後散場。現在，每當面對著酒時，就會想起他，想起他的笑是「深夜裡的陽光」。

他未遠去

—敬悼辛墾創始人平凡兄

陳一匡

「平凡，你的右手怎麼變成紫色的？」

他，顧左右而言他，臉上依然一如以往，笑嘻嘻的談笑著。

只是，辛墾社的聚會所——金園亮麗的燈光在我的感覺裡卻驀然黯淡了下來，就像我那在刹那間蒙上陰霾的心。

然而，那天晚上的聚會，仍然是歡愉一如往昔。

四川樓，燈火輝煌的晚上，大圓桌，圍坐著辛墾人，平凡卻不來。

白凌說：「平凡到香港去了，聽說是去醫病。」

我的心再一次往下沉，眞的如我所思嗎？我眞不敢相信。

膚淺的醫學常識使我感覺到，他那變紫色的右手，可能是患了癌症，接受化學治療的徵象，他可能是得了癌症！但是，他那光澤瑩然的「孩兒臉」，那笑口常開的「樂天相」，還有那結實碩長的「江湖好漢型」，使我一再的否定自己的胡思亂想。

然而，靜夜裡，小四的一通電話，卻使我慄然而驚。那夜，竟然漫長得像無盡的回憶一樣。

平凡，他眞的走了？是的，是眞的悄悄的走了。只是，就走得如此無牽無掛嗎？就走得一如他的筆名那麼瀟洒與平凡嗎？夜空沉寂，星月無聲，只有唧唧蟲鳴伴我低沉的嘆息。

認識平凡，是先認識「平凡」這兩個字，那時候在新聞日報的星期六週刊上。每個禮拜都有一版「辛墾集」，而「辛墾集」三個字的旁邊就有這麼四個不平凡的，「平凡主編」的字，對一個愛讀那一些似懂非懂的新詩的十三歲少年來講，這主編平凡，簡直是可望不可即的明星般的亮麗。尤其是讀到他在新聞日報的辛墾集上刊出了一整版一整版的新詩，更是心儀不已。一直夢想有一天自己這「陳一匡」三個字，也能夠像平凡一樣，寫滿了一整版的詩。

於是，大膽的學他寫起詩來，投寄到「辛墾集」去。可是，一去就如石沉大海，毫無音訊，直到再也不每個禮拜六都翻著辛墾集找尋自己的「詩」時，卻突然發現它就刊在辛墾集上，平凡的詩的旁邊。那份高興眞不知該如何形容，更高興的是接到平凡寄來的邀請我參加成立辛墾社的社員大會。而這穿著白衣和加計短褲校服的我，竟然也糊里糊塗的成爲「開國元勳」之一，也就是在那一個成立大會上，認識了平凡的盧山眞面目。更在他和靜銘，和權，雲谷等前輩的指導下，一步一步跟上文藝的不歸路，也從此和辛墾社結下了「不了緣」，當年沒有平凡的邀請書，沒有平凡的辛墾集，我根本沒這份福氣可成爲辛墾人，更不可能會踏進文藝界，而今，辛墾社依然亮麗一如往昔，響亮一如過去，可是，平凡呢？怎麼竟化成了辛墾人濃濃的哀思呢？

永遠不能忘記，在平凡所寫的那一篇品評辛墾社友們的作品的文章裡，驚喜的發現居然有我的「大名」在列。然而仔細一讀「我」那被列為佳句的「詩句」，卻悲哀的發現，那句「詩」已是被修改過又潤飾過的，幾乎已經不是我的「佳句」。心裡有了濃濃的悲哀感，連忙翻出我原詩的存稿，才發現在他的幾筆潤飾之下同樣是一句詩，居然有那麼大的提昇感，於是收起了自以為了不起的心態，好好的細讀他對每一首詩的分析與品評，細細咀嚼他所肯定的詩句，遂隱隱然若有所悟，頗有茅塞頓開的感覺，遂試之於自己的習作裡，竟然深深的感覺到有更上層樓和突破框框的喜悅感，在欣喜之餘，對這一位亦師亦友的平凡有深深的感激，更欣賞他那不平凡的平凡。

然而，不平凡的平凡，已悄然遠颺，翹首夜空，我忽然深深感覺到「天色已靜」的那一個「靜」字的只能意會，不能言傳的沉哀。

只是沉哀又怎麼樣？當年辛墾人在平凡他在西三角區的住宅裡歡聚的時候，誰又想得到這一位練家子竟然會是辛墾人中第一個開溜的伙伴呢？

那天，一踏進他家裡，就看到一個幾乎有一人高的皮囊沙包吊在屋簷之下，「童心」未泯的我，捏緊拳頭就一拳打過去，只痛得指骨都像折斷一樣，而那沉重的沙包卻一動也不動，平凡笑吟吟的走了過來，輕描淡寫的一拳打過去，那好沉重的沙包，卻好聽話的盪開了一尺多，真使人不得不佩服，練家子的不一樣就是不一樣，然而，文武俱佳的他，怎會如此無奈的悄然而去呢？

那一年，平凡和來城他們，從台北邀來了蕭蕭、管管他們七位著名的詩人來菲講學，刻意提昇菲華現代詩作者的層次，而自知膚淺的我，如獲至寶的參加了，沒想到，這次的參加，使自己對現代詩的認識有更上層樓的認識，而看著和那幾位來自中華民國的詩人並坐在上面的平凡，深深的佩服他對文藝和現代詩的熱愛，和栽培下一代菲華詩人的熱心。平凡，的確是一位不只從未壓制年輕的文藝愛好者在文壇上崢露頭角的前輩，甚至是一位努力提掖後進的作家，他手創了辛墾文藝社，卻不將辛墾社當成自己的，而是把它獻給菲華文壇，讓一代一代的辛墾人，去發揚光大，這就是爲什麼辛墾文藝社，永是老、中、少融洽相處的一個大家庭。平凡，那不平凡的淡泊與寬厚的胸襟，的確是一大原因，而今，雖然平凡已悄然遠去，但他的遠去並未走出辛墾人的心坎，也未走出辛墾文藝社；更未遠離菲華文壇。他風格獨特的散文，散文詩般的小說。他風格獨特的散文，散文詩般的小說；犀利又強有力的詩論，和那膾炙人口的現代詩，還有他別饒風趣的談吐，都會長留在菲華文壇，一直到永遠。

給平凡兄

劍虹

認識你應該是在六十年代中學時期，我把當時的一篇習作投上辛墾集。一個星期天，突然有一位瘦削高個子剪平髮的中學生到我家來訪。當時因我寄居在堂兄家裡，不能盡地主之誼好好招待，使我到如今心中還留下一點歉意。當時我倆只站在門口交談，互相自我介紹，談些文藝活動，從此我跟辛墾結上了緣。是你——平凡兄，你把那一股對文藝執著的衝動傳染於我的。

九月十三日剛好是星期五，有人說這是一個不祥的日子，想不到正是你離開親人、朋友的日子。當我收到秀潤社友的電話，報告你的死訊，我愕然了

我眞的不敢相信一向身體健壯的你竟然會給病魔奪走了性命，我眞的不敢相信，可是秀潤斬釘截鐵滿肯定的口吻使我終於接受了事實。

你的消失是菲華文壇的損失，更是辛墾的損失。你豪爽、風趣的性格，使你得到各方面的人和，尤其是你的幽默感，那獨一無二的泉州國語，引起周邊的笑聲時，你也會跟隨著笑，把那一

雙眼睛笑成一條直線。

你非常好客，記得有兩次機會，我與幾位辛褩社員曾經被邀請到你府上，得到你與仁玉的招待，參觀你們美雅的樓屋，觀賞你們在國外旅遊的照片。我曉得你也曾經歷過一番坎坷艱辛的路程，你赤手空拳排除一切披荊斬棘才有今天這美好的局面，想不到正是享受人生的階段，你竟然突然的離開了凡塵，榮歸天國。

不知何時，你對卡拉ＯＫ也發生了興趣，你那幾首拿手的歌曲如「小丑」、「ＭＹ　ＷＡＹ」、「夢寐以求」還依稀迴響在我耳邊。記得有一次，辛褩開會，地點在舊「金園餐廳」。開會完畢，時間也不早了，但你歌興突起，要我留下陪你繼續在樓下卡拉ＯＫ，可是跟我一起來的社友，隔日有要事，不能晚歸，我有心無力的走了，沒留下陪你，當時你那失望的眼神，到如今還逗留在我心中。

平凡兄，請安息吧！死亡並不可怕。但當你要離開這塵世時，卻還留下了些無依無靠的親人時，那死亡才眞的可怕。

稿於岷市丙子年九月廿日

濤聲依舊

施柳鶯

「海鷗」是你最喜愛的一首歌，有卡拉ＯＫ的聚餐，你十之八九會選唱「海鷗」。我們在台下把你笑得七葷八素，你才不管，抓住麥克風，更是故意唱得呲牙裂齒，臉紅脖子粗。

而仁玉，在你離開前，新學會「三年」這一首老歌，左三年，右三年，呀，平凡，你離開我們快三年了，自君別後，你的小婦人把自己摒除在文藝圈外，尤其是辛墾聚會，甚或你常帶著她滿街流浪的王彬。

她怕見辛墾人，怕到王彬街，怕聽黃昏裡王彬街頭的哨吶，哨吶是所有樂器中最欺負人的，好心情時，聽嗩吶喜氣洋洋，落寞時，哨吶的幽邈悱惻，不斷腸也難。

你走後不久，辛墾一伙兒——白凌、胡文炳、劍虹、美玉、碧玲、秀潤、我——到吻浪村，仁玉一見我們，未語淚先流，一句話也說不出來，我們默然相對，心底哀哀地低喚著：平凡，平凡，你在多好，今天春日離離，吻浪村濤聲依舊，好風好水卻不見當日好友，你怎麼捨得讓所有愛你的人把眼淚流進海裡？

好久好久，白凌開口：「辛墾月會，來接你好嗎？」

淚水再次瀰漫仁玉的雙眼：「我……我不敢見平凡的好朋友，尤其是辛墾人，我好怕看到你們，我王彬街都不敢去。」

多情更比無情苦，除了心疼她的多情偏遇離恨，我們還能說什麼呢？其實，平凡，自你走後，豈只仁玉怕見辛墾人，辛墾人又何嘗不怕見仁玉？

趁阿熙在菲，我提議上山探你，和仁玉在約好的地點會合，仁玉和女兒在前，我們——白凌、碧玲、林婷婷、我和阿熙同一部車子緊隨其後，在車上，白凌把紀念你的特刊給阿熙看，一面開車，一面講五年前你們，還有月曲了，陳默，蔡銘，吳天霽陪林燿德到「甲美地」的「瑪美娜」別墅過夜的往事，林燿德好酒量，喝了酒呼呼大睡，你也想睡，又不願和鼾聲大作的林燿德擠一張床，結果跑去把白凌這傻大個騙出去打牌，他們打牌，你舒舒服服地在白凌床上睡大覺。

你是個風趣的人，有點孩子氣，愛耍花槍，愛玩愛鬧，有你在的場合，總不單調。

林燿德正月去世，同年九月，你……。

白凌一路講，阿熙一路流著淚。

車窗外風好大，陽光好燦爛，我們的好友，你在那裡？朱天心說她極喜歡「一杯看氣，二杯分生死，三杯上馬去」式的分道揚鑣。啊！平凡，生死容易，情癡難了，我們都是紅塵中煙火味最重的人，除非是太上忘情，否則怎能淡忘你？

佇立你墓前，凝望著你，青山綠水，在那遙遠的地方，好友，風中的淚能否溫暖你冰冷的心？二年來，仁玉把自己鎖在吻浪村，深居簡出，專心為你整理詩稿，你的第一本詩集「平凡的詩」終於問世了，九月十三日辛墾和千島將為你舉行隆重的發行典禮及三載追思紀念。「平凡的詩」是你和仁玉的心血結晶。好友，你飄然遠去，留下這一冊好詩，供我們低吟淺唱，一聲輕快，一聲哀沉。文學是你一生的信仰，理想與執著，昔日的夢幻，今日的風采，好多年好多年後，千島諸子，辛墾舊友，依然可以聽見你在不遠處，為後來的人一路吟唱，高山流水，一聲輕快，一聲哀沉。

——您總是遲到、缺席，這一次我們再也捨不得罵你——

輓軸一幅幅垂下來，在冷風中輕輕擺動著，您躲在後面，相框裡的你，穿著黑西裝，「酷」著一張臉，一點笑容都沒有，呀，這那會是你呢！你對著咱們這一夥「窮寫文的」，會這麼老實沉靜正經才怪！你應該穿磨得發白的牛仔褲，捲起袖子的藍襯衫，「乖」一點時就ＴＵＣＫ ＩＮ，不羈起來就任由寬大的襯衫吊兒郎當地在外招搖。汗淋淋地從網球場趕到「金園」，笑吟吟地站在那兒，等著挨罵的樣子，果然，一桌子等得發火的辛墾人七嘴八舌，又要罰你，又要你吃「剩菜」，又不許你唱歌，你也跟大夥又笑又罵地，樂得很，有時看你後面沒有跟著那個永遠跟在你屁股後的溫柔小女人，大夥又罵：「又把仁玉『丟』到那兒去了？」你嘻皮笑臉地數著手指頭：「哎呀，我想想，今天下午我們去找個朋友，我叫她在車上等；去過王彬，買了水果，碰到陳默，跟陳默抬了一下午的槓，哎呀，八成把她丟在水果攤了……」

有可能，你有過把仁玉丟在車上四個小時的記錄，你愛朋友、愛詩，碰到分析起詩來精闢入微的「鐵齒阿輝」，你還記得辛墾有約已經不錯了。

如果辛墾聚會不另闢閣樓一隅而在樓下的話，不得了，你從這一桌跑到另一桌，周遊列國後才乖乖地回到辛墾的桌子，還不肯安份下來，你又老跟我們的財政瓊安賴賬，這些「債」，都是因爲你的遲到，我們找了好多莫須有的罪名，亂七八糟硬派給你的，你用你名聞海內外的文壇「國語」，瓊安用她台灣腔的閩南話，一個追債，一個賴債，笑得一桌子的人腸子打結……

我們談寫作，談理想，談辛墾一串連的計劃，逸興遄飛，雄心壯志似乎要穿透稿紙，你的臉上煥發著動人的光彩……

這才是我們熟悉的平凡呀！你應該是這樣的，平凡，你應該永遠讓人感受到你生命中無窮的活力，感染到你在生活中追尋的情趣的。是誰把你呆呆地定格在那黑框中呢？「他」老實得多叫人心痛哪！

認識你，是在文藝復興的八十年代，熟悉你是林煥彰來菲開畫展的那一年，那一天，我們同時穿了牛仔「積克」，我穿白色的，你穿藍色的，你嫌我袖子上的徽章不夠帥，要送我一個納粹的黨徽。我們是同宗，我不知道你怎麼算的，硬說按輩份，我該叫你叔公。仁玉說「哥倆」更像。

我第一次坐你的ＰＯＲＳＣＨＥ９４４白色跑車，像隻蝦米似地彎屈在後座，後來乾脆把雙腳伸到藍君儀大腿上，不停地埋怨著：「這種車，只有仁玉這香扇墜才受得了，這種車，是專爲仁玉買的吧，這種車……」一路埋怨，一路笑。

碰到什麼文藝晚會，要我們辛墾負責一個節目，你老是自告奮勇要朗誦我的小說，這種罪誰受得了，大夥又是一陣哄笑……平凡，平凡，我們都以爲，我們的歡笑是地久天長的，是無盡頭的，我們甚至肯定，十年後，二十年後，當我們雙鬢染霜，我們對辛墾的愛，是不會變的，執著如少年的，我們有緣，同乘這一生命理想的列車，你卻中途叫停，尚未到站呢，平凡，我們多麼不甘心，自信如你，優越如你，倔強如你，熱愛生命如你，爲自己描繪的生命的藍圖也不是這樣的吧？你爲自己所描繪的生命的藍圖，縱然不是遼闊壯麗，濤浪洶湧的長江萬里圖，也該是一幅波光瀲影，嫵媚秀麗的山水長卷吧？

你是一個多麼勇敢，意志力多麼堅強的病人，當病魔侵蝕你的時候，你靜靜地躲起來，忍受化療後副作用所帶給你的內外折磨，當精神好一點，你又神采飛揚地出現在我們的眼前，你多麼倔強，多麼唯美，你除了不要好友爲你擔心外，你還希望留給我們的，你在生命中的每一個畫面都是美麗挺拔，瀟洒俊逸的，是不是？你連生病，都要病得帥，是不是？哭乾了眼淚的仁玉斷斷續續地告訴我們，你們相依相偎共同走完你生命中最後一程的點點滴滴，在你生命中的最後三個禮拜，你們深鎖房裡，談過去、談未來，回顧你們攜手走過的每一段路，都有你們的歡笑與淚水，我們無法想像，也不忍想像，你和仁玉如何渡過這愁腸百結卻要強顏歡笑的倒數日子，你們把塵世摒拒門外，卻鎖不住無情的時光，當你生命的燭光一點一點地逐漸熄滅時，你卻石破天驚地迸發出生命中最燦爛的火花，你憂國傷時，寫出風格異於往昔的「你我的愛情因家的成功而失敗」，海內外詩家一吟三嘆，譽爲詩壇年來佳作，你的深情唱起，卻等不及雄雞一鳴，天下清白；你所渴望的一天。你熱愛文學寫作，直到生命的最後一刻，這樣的墓誌，你是受之無愧的。如果說，生命的意義在於充實與展現，那麼，好友，你是無負於你的生命了。

在你停靈的第二天文經總會發行「菲華文藝選集」，月曲了帶了一本給仁玉，用跟哭差不多的音調說：「有清澤的詩。」仁玉默默接過，無限愛憐地雙手捧著貼在胸口，似乎可以感受到你詩中澎湃的熱情，低下頭，讓傷痛一寸一寸地咬噬她的心，那種壓抑的悲苦，好讓人心痛，除了摟緊她單薄的肩膀，讓她盡情一哭，我們還能做什麼呢？

中學時代，你創辦辛墾副刊，如今，辛墾已枝葉茂盛，果實纍纍，你是辛墾的創始人，老園丁，去年開始，我們選集文稿，計劃出版辛墾文集，你等不及它的出版，離開了這塊你心血凝結、一手耕耘的園地。

平凡，你總愛讓我們等，無數個等待的夜晚，我們歡歡喜喜地在笑鬧聲中添酒回燈重開宴，今後，辛墾的月會，少了你的笑聲，等到月漏更深席殘燈火闌珊，也再等不到你高大俊秀的影子。菲華文壇少了你這枝健筆，寫作的路上少了你這位同伴，我們將會多麼的寂寞。好友，你使我們的哀傷像鐵軌一樣長。

你天眞熱誠，豪邁不羈，愛玩愛鬧愛朋友，記不記得六年前辛墾就職典禮，你穿牛仔裝爲我們監誓，我們的宣誓就在一片嘻嘻哈哈的笑聲中完成，當晚還有心宇和一匡的洛夫的「車中讀杜甫」的吟唱，如今，你和心宇竟然都離開我們了，二個才華洋溢，亮麗盛放的生命，就在我們措手不及中消失了，濤聲依舊，卻不見當年的夜晚，親愛的朋友，在某一個不可知的角落，你看到我們的淚水了嗎？你知道我們的哀傷與不捨嗎？多情如你，再蒼茫的不歸路，也該停留片刻，回眸看看「吻浪村」中的夢裡人吧。

誰能甘心！
——悼施清澤（平凡）誼兄

施文志

我們永遠不相信你會被病魔打敗了。

走得那麼匆匆！

您甘心背棄您的母親，您的妻子，您的兒女，您的「死黨」——我們與千島詩社？

我們知道您並不甘心！

您有一個習慣，每有聚會，您又遲到，您開玩笑說遲到是爲了競選社長。

其實，在菲華文壇，您是主要的領導人之一，在五十年代，您獨創辛墾社。

八十年代菲華文藝復興，您重出「文藝江湖」，領導辛墾文藝社。

在千島詩社社長任內，爲著推動菲華文運，以您爲首的「千島詩社」邀請台灣名作家名詩人教授來菲華舉辦了「千島文藝營」，是菲華文壇的一次比較大型的文藝活動，在您的策劃下，「千島詩社」出版了「千島詩選」，「千島詩刊一九九〇」。

我們不甘心您，在生命的約會，您爲什麼？要早退？

教我們能甘心嗎？您的生命「早退」。

我們相識相知在八十年代，一九八八年結誼，您的誼子洗禮的那一天，您也遲到了，爲什麼？您不永遠的遲到下去，包括人生旅程。

當我在事業上不如意的時候，您的手，時時扶了我一把，而在生命的旅程中，您跌到在生命的盡頭，我竟然扶不住您！我挽不住錯誤的生命力。

記得林泥水大哥大祥紀念會上，您代表「千島詩社」講話，您怪責泥水大哥把自己的病情隱瞞，沒有告訴我們這一群「死黨」。如今，您同樣把自己的病情隱瞞，不告訴我們，教我們頓時怎樣能夠接受這一種殘酷的事實！

聽說您對自己的疾病很有信心，要等您戰勝了病魔，才與「死黨」我們慶祝一番。

我們也認爲您的身體康健得很棒，您的拳術練得那麼好，您對各種運動的愛好。你對自己的身體那麼關注，這些不是足以打敗病魔嗎？可惜，沒有人可以打敗病惡魔。

七月尾的聚會。我們竟然是最後的一面了。

然而，您有遲到的習慣，可是，您沒有早退的習慣，永遠與「死黨」們堅持到最後，如今，您在我們的生命旅程中早退，您說：

我們能甘心嗎？

其實不平凡

蘇榮超

第一次見到「平凡」是在報上，當時就想平凡到底何許人也，該是謙謙君子吧！用平凡做筆名，其實就透著那麼一點不平凡。

一直到加入文藝的行列，得以一睹詩人風采，噢！原來是豪邁、風趣，還有那麼一點玩世不恭，再加上掩不住的才華，一張年輕的臉，一顆行俠仗義的心，這就是心中對您的素描。

吾生也晚，不知當年菲華文壇的繁華風景，聽說六十年代，您一手創辦辛墾社，那麼也該是醉心文藝情感豐富的人了。前一陣子，在「辛墾」見到你一篇小說，前半截寫于六〇年，後半截則爲今年續寫，在辛墾餐會上，我說，你那篇小說的前半截寫得眞好，那是打從心底的佩服，原來小說的文字也可以寫得如新詩一般，而且是三十年前的創作，老天！當時我還沒出生呢！你說，那是泰戈爾式的散文。

在菲華文壇上，能夠詩文都寫得出色的，本來就不多，而你卻是那少數當中的眞正令我欽佩的。記得你有一篇文章題目叫做「我」，一個很普通的常常會見到的題目，特別是在讀書時代的作文課上，可你寫來就是不一樣，你用大我的眼光來看「我」。簡單的說你的文章一直不落俗套也一直求變求新，至於你的詩，則是有目共睹，你那首「你我的愛情是因爲家的成功而失敗」如今正被大家傳誦著。

你除了有一個不平凡的筆名，實際上你做人也一樣不平凡，一樣有原則。前一陣子，你爲了對現代詩的執著與堅持，不惜在報上拉開筆戰的序幕，令人擊節讚賞。

雖然相識多年，但我們之間卻一直保持著那種淡如水的交往，平時碰面，你那開朗的笑容總會一直掛在臉上，有你的地方，就絕無冷場，你的幽默總令大家開懷大笑，還有你那一口不純正的國語，也一直爲大家所津津樂道。記得有一次羅青和蕭蕭聯袂來菲，你介紹他們時，說：蕭蕭畢業於婦人（輔仁）大學，而師範大學大家卻聽成吃飯大學了。唯一一次見到你正經八百的演說講話，是在林泥水先生的遺作發行會上，還記得那次起來講話的有多人，但印象最深刻的卻是你的講詞，你的表情，還有你的待人之道。

平時你嘻嘻哈哈，這次卻眞正見到你重情義的一面，你用嚴肅而沉痛的聲調訴說著與泥水先生生前的種種，聽罷令人泫然欲泣。想你，若是古代的俠客，也該是一條鐵錚錚的漢子，爲好友兩肋插刀，在所不辭啊！

平時在某些文藝聚會上碰面，你總會親切的問我：噢！最近有沒有寫文章，要多多創作！在辛墾聚會完畢，你也曾多次送我歸家，車中我們談文論詩，每次你都不忘對我諸般勉勵，仁玉也在的時候，總會殷殷垂詢我家中瑣屑，親切得猶如自家人般，我本木訥，口中不說，心中卻也充滿感激……

當蕭鴻告訴我你的噩訊時，當眞嚇了一跳，什麼時候還在辛墾聚會上見到你，你依然滿臉笑容，依然樂觀開朗。有時候，不禁會想，人是否太脆弱了。而當你知道自己身染惡病，想你也是以大無畏的精神，勇敢與之對抗吧！

而今，一切雖成過去，你悄悄的離開，卻不平凡的活在每個懷念你的人心中。

您會一直活在我們的記憶中

王瑞瓊

乍聞您的噩耗，久久，我仍不願相信。

榮眞走了，您走了，辛墾冷清多了，風花雪月的日子遠去了，走在舊時熟識的馬尼拉街道上，衹覺物是人非，好朋友怎一個個離我們而去？

翻開舊照片本，有一張是九零年結婚後回台北定居前與辛墾諸友在海霸王合照的，您與榮眞恰巧並肩而立。照片您們笑意盈盈，神采飛揚的神情一直在我腦海中不能忘卻，滿溢生命力的朋友爲何倏然而逝？

無常，靠近得讓人驚怕。

x　x　x

去年六月，和來城，婷婷等相約隨您摯愛的妻仁玉上山去看您。

在那遼闊青蔥的草坪中，您已卸下今生的行旅，終此一生與藍天白雲，清風明月作伴。

一坏黃土，簡單的墓碑上沒有墓誌銘，沒有相片，但沒有關係，黑白的影像本詮釋不出您飛揚的丰采，您傲然立群的神韻早已烙印在每個好友的心上。

站在湛藍無雲的蒼穹下，風輕輕的拂動我們的衣衫，太陽有點刺眼，我架上黑鏡，惘然中彷彿聽到遠遠傳來您低沉的嗓音，緩緩的歌唱著您在金園KARAOKE中愛唱的那首英文老歌MY WAY。

我行我素是不是您一生的寫照？當您走過，戀戀地回首紅塵世間，該如歌中訴說的無怨無悔吧！您鍾愛文學，無止境的學習鑽研生命的謎題至最終時刻。

您過了豐實的一生，頂天立地的按照自己行事的方式、理想去生活，享受高低起伏的生命軌跡，讀仁玉所寫予您的信，字字情深意摯，我想您已不枉此生。

您用生命寫詩，用嘲諷幽默留下您的聲音。該帶一束白菊花，一瓶紅酒向您在飄渺不知處的您致意。您的作品即將出版，您的想像邏輯即將被流傳下去……

在文字之中，在時空之外，在夜未央時，我期待我們以另一種形式相遇。

桌上的咖啡不覺中已經涼透，窗外，又翻起一陣陣秋風，雲無盡的延綿下去……。

一九九八·九·九　寫於台北

為什麼

——問平凡——

王錦華

爲什麼每次朋友的聚會你總是姗姗來遲？而死神的約會你卻提前赴約？爲什麼發現仁玉患甲狀線腫瘤時你四處向朋友請教醫生詢問藥方，而自己的健康亮了紅燈，你卻若無其事的隱瞞我們？

今年三月中旬的一個夜晚，月曲了跟我在聖路加示醫院探病，在停車場遇見你母親及覺安，我們叫了一聲伯母，她老人家錯愕一下就掉頭往前走，走在前面的覺安回頭向我們打招呼，看祖孫倆左手一包右手一件的，好像是誰生病住院了，正想往前追問，他倆似乎有意閃避，急急忙忙地離開。

隔日，打電話到你家，傭人說你跟仁玉一早就出門，打到工場，覺世說你們到香港去，隔幾天就回來，問他是誰住院了？他說是一位親戚。由於傭人與覺世的話有出入，心中難免產生疑惑，爲了打破疑團，我便打電話到醫院詢問處求證，原來是你住院，我們猜想你一定是作身體檢查，知道你的個性，我們就不去「打攪」你。

你住院之前，仁玉曾經打電話約我們去參加蔡奇揚與洪雪玉夫婦之長子（也即你們的外甥）的演唱會。是日，月曲了與我依約到場，卻不見你們夫婦。問奇揚，他支吾以對，我們不便多問。後來，又聽說你們突然退出中正第十九屆舉辦的暑假東南亞旅遊團，而「千島」好幾次的聚會，你都缺席，打電話給你們，總是撲空找不到。這一連串的事件，使我們開始猜疑……。原來，你已開始接受化學治療，過著進進出出醫院的日子……。而我們卻仍然被蒙在鼓裡。

同月，中正第二十屆職員就職典禮大會上遇到雪玉，我直截了斷的問她你的病況，她含糊地說，可能胃有問題，我請她轉達月曲了跟我對你的關懷。

五月，菲華華文作家協會職員就職典禮的那天晚上，「久違」的你突然出現，還是遲到，但是早退。深深記得那天晚上，慶典會剛開始，看到你跟仁玉走進會堂，我趕忙站起來迎接你們，親親仁玉時，我偷偷地看著你，只見你面容疲憊，神態恍惚，失去以往的風采，但依然那麼熱情地到每桌子向文友們打招呼握握手。而仁玉，剛經過手術後的調養，發福增磅，卻又消瘦了，而且顯得很憔悴。那天晚上，除了你那幾位死黨知道你身體「欠安」，在座的文友們都一無所知，那天晚上，是我最後一次看到你……。

六月，你終於出席「千島」的聚餐會，月曲了告訴我你消瘦了，而且有脫髮的現象。那天晚上，你寡言，吃少，一滴酒都不沾。你那幾位死黨明瞭你的「不屈服」、「不認輸」的個性，沒有人「敢」當面問你。可打從那天開始，我們家的電話突然忙得不應接，他們「打來打去」的關懷著你的健康，而你，卻始終不忍讓他們「分擔」你一點的苦痛……。

七月，你的「你我的愛情是爲了家的成功而失敗」發表，月曲了打電話給你，讚許你那首詩。本來他有滿肚子的話要跟你講，可不知怎樣的說不出口，跟你寒喧幾句就掛斷。七月的聚會你照常參加，還交了你剛寫完的詩篇—「深夜過王彬街」。月曲了說那天晚上你很興奮，雖然不喝酒，卻如往日一樣，笑笑鬧鬧，談起詩論，依然跟大家爭得面紅耳赤。月曲了說你已「無代誌」，我們眞爲你高興慶幸，那天晚上，是月曲了最後一次看到你。

八月，「千島」兩次的餐會，你又失蹤了，大家推測你又住院受化療，可你不是已經好好的了嗎？十九屆幾位同學，不知從那裡聽來，說你是得了癌症，他們要向你介紹日本出產的一種抗癌藥品，但始終聯絡不上，而你兒女又否認你有病，他們知道月曲了跟你是公巴列，所以叫他向你轉達。於是我又一次打電話到醫院詢問處，問到了你住的病房，本想去探你，可你這「英雄鐵漢」，一定不容人家看到你臥病在床上，於是取消這念頭。月曲了說還是先打個電話。可一聽到仁玉的聲音，突然喉口梗塞，即時把電話掛斷，久久不能自己……是不敢問呢抑是怕知道？心情異常矛盾……我們只有默默祈求你平安無事，早日康復。

巴列，還記得嗎，我們開始結緣是一九八七年。當年，你跟仁玉與我們一家五口同時報名參加中正第十九屆舉辦的旅美旅遊團。出發之前，主辦單位召集開會，在場的旅行社負責人突然宣佈如於是日繳錢可享有特別的折扣。月曲了與我聽了互遞眼色，我們惋惜沒攜帶支票而錯失良機。你「細小」的眼睛卻一眼看穿我們的心事，你說要替我們先付，那時，我們雖認識，卻不是深交，當然婉拒你的「盛意」。可是你堅持地要我們接受。你的慷慨豪爽，替我們省下一大筆錢，讓我們萬分的感激。

我們的感情在這十幾天的旅遊中建立起來。在舊金山的一個深夜裡，你跟仁玉帶了一瓶香檳來敲門，我們徹夜飲酒談心，扯東拉西的，無所不談，似乎有相識恨晚的感覺。一路「成群結黨」的走在一塊，女兒相玉在這幾天中，仰慕你的新派穿著，談笑風生，英雄氣派，她說要拜你做誼父，就這樣，我們結爲公巴列公媽列。結緣後，我們共渡過許多美好的日子。

曾經，在西班牙餐廳享受燭光晚餐……

曾經，在五星大酒店喝咖啡……

曾經，一同赴派對跳舞……

曾經，一起上卡拉ＯＫ大展歌喉……

曾經，到我們家捲薄餅……

曾經，到你們家大吃海鮮粥……

九月十三日，接到虹虹傳來的噩耗，我們還問她消息可靠嗎？是的，眞難相信，也眞難接受。

才幾時，在林泥水大哥的大祥紀念會上，純眞姐邀請你演講，你還在台上痛斥泥水大哥隱瞞病情……

才幾時，洪榮眞遇害，你還寫了一篇文章懷念她……

才幾時，林燿德逝世，你還寫了一首詩篇悼念他……

如今，你那裡去了？許多人爲你掉淚，許多人爲你惋惜，許多人叼唸著——

再也聽不到你的「夫人」、「吃飯」國語——「千島」邀請蕭蕭與羅青兩位詩人來菲講學，你在歡迎會上介紹其中一位是畢業於輔仁大學，你把「輔仁」讀爲「夫人」，另一位畢業於師範大學，你卻把「師範」講爲「吃飯」，你眞是一位天生的幽默家。

再也看不到你以往手劈頑石的絕技。……

再也看不到你以西方探戈的旋律表演中國八卦拳……

巴列，大家都知道你不「甘心」走，你有很多很多的計劃——你要把你的作品結集，你要爲覺世完婚，舉行一個隆重別開生面的婚禮，你打算把生意交給兒女，與仁玉環遊世界，你要爲覺安開設醫室，而覺心剛畢業，你要她幫助覺世擴大你們的事業。而你也不「忍心」丟下你年老的母親就走……

巴列，安息吧！你母親有多倔強，出殯前夕，覺世突然泣不成聲，久久不能自已，在場的親友跟著痛哭流淚，她老人家卻很鎭定的站起來勸慰大家不要哭，免得孩子受不起。而仁玉，她是一位外柔內剛的女性，覺世嚎哭的那一刹那，她很勇敢地喊著：「不要怕！有媽在！」據仁玉說，你走後，覺世一直爲要承受你留下的「重任」而忐忑不安！他多像你呀！一個堅強的人！

安息吧！巴列！你可以無牽無掛的走……

憶平凡

紫雲

曾幾何時，在金園餐館的台上，那瀟灑的台風，以及六十年代的流行英文歌曲，尤其是幾杯「西迷莎」下肚後，他會唱得更起勁，贏來一陣陣的掌聲。

幽默的談吐，使會議桌上增添了不少生趣。他開會必定遲到，財政瓊安向他收罰款時，他也二話不說地拿出皮包，乖乖受罰。

由於他的去世，辛墾的餐桌上總是輕鬆不起來。有時候我會這樣想，如果我們不把他請來參加活動，恢復寫作，他是不是會這麼早離開人世？如果是的話，我眞的感到有點內疚，因爲當時去請他「下山」的，我也有份。

六十年代後期，當菲華文藝運動最蓬勃的時候，他只顧發展事業，把寫文章拋於腦後，直到軍統後，沉睡九年的文藝再度復甦，我們才想起擱筆多年的平凡，於是組織一隊「說客」，造訪他家，請他重出「江湖」。

從那時起，平凡的名字就時常見報了，他慣於寫現代詩，詩作也頗豐。記得最後一次聚餐時他還自豪地對我們說，他還有四篇作品在電腦裡！他已學會自己打字輸入電腦，還鼓勵我們都要學，想不到過了不久，竟傳來他的噩聞。

我最欣賞他的「蚊子」：

看你小
看小你
小看你

打死你
流的
又是我的血

雖然是短短的兩段，可是充滿了哲理。他雖然離開了菲華文藝，離開了辛墾社，然而他還是我們的永遠名譽社長。

懷念平凡

查理

平凡是菲律賓華文協會發起人之一。兩年前的九月十三日，他突然改換他爲一個永生道上旅客的身份，離別我們，轟轟烈烈地進入了永生的國都裡，怎不叫文藝界黯然銷魂，大嘆痛失良伴益友。

治喪期間，一切追悼安排，極其哀榮。

九月十七日晚上，青山旅菲中華基督教會金禧堂，在亞蘭禮沓巴示殯儀館新樓一號靈堂，爲發起人之一故施清澤（平凡）舉行追思禮拜，選唱靈歌選集第一首「日落之那邊」，描寫出了基督徒歸宿的情形，更說明了基督徒由死得到永生。是的，平凡選擇了息勞的時間「那日落時辰」榮歸天家，安息主懷。筆者於辛墾「詩人平凡紀念專輯」提到耶和華在摩西死後對他的兒子約書亞說話，約書亞遵行上帝的旨意，果眞獲能力獲祝福。相信上帝也在平凡家中，祝福平凡嫂及其兒女，在絕望中得到榮耀的勝利，獲到更美好的允許實現。

在千島詩刊第三三期「悼念詩人平凡專輯」，筆者以「九月十三日蝕」爲題寫首短詩如下：「那圓圓的月，升起／腥紅／蒼白／而晦熄／黑影緩緩地掠過／不再／留戀著死亡的姿勢／天空被劫持了／好像捨棄了整個千島／傍晚時／你已登程／一片沉重的生命」。

九月十八夜文藝團體聯合在故平凡靈前獻花致哀思後返家，落筆一「悼」詩：「陸海軍俱樂部／日落月升／突然被晦黯悄悄御走／馬尼拉海灣的夜晚／更一片月沉了／就像今夜／所有的燈柱雖都在站班／卻因你默默不動聲色／杜杜／走入了黯淡」。

每當沉思默想有關菲華文藝界、少了壯年又活躍的領導人之一的平凡，深深感慨萬千。相遇時，他那紅光滿面和春風滿面的表情，幽默感，遲到早退等，確是特徵。談吐中的態度時而莊嚴而又時而和藹可親，具有俠士般的心腸，縝密思想，辦事精明，信仰堅定，事主至死忠心，素有大丈夫的氣魄。

回憶當大家認時機成熟，該成立一個不分派系合作團結的新文藝組織時，正在爲定名討論熱烈發言，平凡慢吞吞地建議：「我們應該謙虛一點，不要簡俗稱社，不必叫筆會，要就來個作家協會……」即刻滿場掌聲四起，由此眞正地終於採用「菲律賓華文作家協會」這名稱。

詩篇十九篇是摩西寫的，全篇可分兩段，前段他感嘆人生之短暫，在永恆上帝之對比下實如一更，像南柯一夢，以滾滾流水，於是摩西求主指示怎樣數算自己的日子，摩西深知人生之意義，決非是世人羡慕的名利，而是既心在天國，就自自然然好好善用一生，榮神益人。平凡的事業蒙主豎立，其對文壇之長期興趣與貢獻，在天國紀錄冊上必有明顯的記載。

故平凡在生時對己，對人，對工作，對上帝，在我是他培元學兄的腦海裡，是值得我們追思。腓立比書第四章八節：「凡是眞實的，可敬的，清潔的，可愛的，有美名的，若有什麼德行、若有什麼稱讚，這些事你們都要思念。」

九月十七日下午八時，青山旅菲中華基督教會金禧堂，在亞蘭禮沓巴示殯儀館新樓一號靈堂，爲發起人之一故施清澤兄弟舉行追思禮拜。我與秀心，葉來城夫婦和陳和權等文友出席這屬靈的聚會，靈歌選集的第一首「日落之那邊」共有三節、就是描寫基督徒歸宿的情形，說明了基督徒由死得到永生。

默念第一節錄下，作爲辛墾文藝社紀念專輯的短短補白。

「日落之那邊　是福樂清晨

在天堂美景　與主相親

勞碌的完畢　見榮耀黎明

日落之那邊　即是永生」

故文長施清澤（平凡）選擇了息勞的日落時辰，榮歸天家那邊。人生的道路儘管不一樣，唯願最後的歸途能夠一致，得到永生。

耶和華在摩西死後對他的兒子約書亞說：現在你要起來，和眾百姓過這約但河。約書亞遵行神的旨意，果眞面前有亮光、能力和祝福。生下來一直悲哀會使人四周的環境更艱難不知如何安排才能如舊如意，心會更痛苦，力量會更衰弱。立即負起神的應允，人會剛強起來，在絕望的時候，榮耀的勝利更好的允許就來了。

顧故文長平凡的家屬

以馬內利

不死的魂魄

—平凡，依然活著

張　琪

詩人的妻子，仁玉，在兒子和媳婦的陪同下，攜了個大蛋糕，來到午後日照的居室，我們面對面，靜謐地翻閱平凡即將出版的中、英、菲三種語言的詩作；傾談那「活著」的平凡。

兩年前，出殯之日，錦華和我陪側在仁玉身邊，一路往墓園長葬，這最後一程，仁玉的暗泣，穿透到無盡的深淵，我的心情隨之沉沒……那景象，烙印成我一生中深刻的記憶。

兩年了。「死」不能拘禁對所愛之人的思念，這七百多個日子，仁玉走過她一生最哀沉的路程。詩人和詩人之妻彼此的愛，以文字形、音、義，見證他們的「天長地久」。

詩人平凡，身軀破朽了，他的生命即以另一種「形態」活下去；死，反而突顯了苦短歲月中，生命另一層面的永久意義，這是詩人給我的悟解。

那時，王錦華的「問平凡」，小四的「哀平凡」，莊良有的「惜平凡」，豈不是我兩年來的心路流程?從不甘心的「問」，到不捨的「哀」，以至疼惜，憐惜平凡短暫如火炬，卻不虛此行的豪情人生。

平凡和仁玉從相戀到結褵夫妻，相識相知相愛三十六載，夫唱婦隨的仁玉，亦詩亦文亦歌，志趣相合，平凡贏得了妻子仁玉，生生世世願爲夫妻的深愛情義，「知夫莫若妻」的仁玉，讓哀痛沉澱爲永恆的愛，承繼亡夫遺志，結集成書，仁玉傾慕平凡這個人，欣賞他的才華，她輕聲細語的告訴我：我多麼盼望爲他唱的歌，留下紀念……。原來，平凡留下的資產，如此豐厚，其中最大的，是那無限的愛。

平凡對兒女宛如朋友，知道他絕不可能扳起臉孔，老掉牙的訓誡兒女，他樂於身歷其境的和他們一同成長，如今，兒女成了仁玉最大的支柱和欣慰。

平凡，一位爲詩爲文飲酒作樂的朋友，是我生命中的璀璨瑰寶。女子拘謹如我，若是有他那一口國語，一定是「金口三緘」，怕羞的無地自容。平凡就是夠帥，他還笑吟吟的對大詩人羅門說：我的「狗」語比你好！當然他自有妙論的，若是蒐集平凡言論，足可成「一家之言」呢！欽佩他的飛揚灑脫，詼諧自若，風趣幽默，正義好施，還有他惜才相報的俠情，常從心底興嘆—「大丈夫當如是也！」，我自認和平凡是「哥倆」好。

晚生的我，錯過了少年平凡，那時的他，意興風發，獨撐一片天，他的膽識，才氣和豪邁，少年幾人有?平凡獨創辛墾文藝社的壯舉，造就了多少菲華作家，爲菲華文藝史寫上最美麗的頁章。

青年平凡，壯志淩雲，創業艱辛之際推廣文運，其功其德，堪爲典範。

首次目睹平凡，壯年的他，已是俠士和武士的風姿神采，左手執著酒瓶，右手舉起酒杯，遨遊四方，相交滿天下，在千島詩社中，我也學會舉杯相向的招式，他一杯下肚－「你的詩，好！」我一口入喉－「你的詩，更好！」這麼一來一往，認定了這個「知已」。不喝酒的平凡，一絲莊子的笑容出現，看盡人世的豁達，笑罵自如，超俗的思維，說成如珠妙語。

一九九六年九月十三日，大夥都傻了眼，未老的平凡，竟先走入了歷史，最後一個鏡頭，讓拿著相機的人，心慌意亂，一臉茫然，難道是自古英雄不見白髮？

仁玉知道，我一直希望「擁有」平凡的作品，那時，因著評論文學作品是學校的功課，習慣成了性，大言不慚的對平凡嚷嚷：有一天，我要好好評論你的大作哦！在等那麼的「有一天」學成名就，把平凡的大作等成了遺作。人生之無奈，莫過於如此了。

平凡，創辦經營「辛墾」和「千島」，爲菲華文藝之領導，因他爲人慷慨樂施，胸襟寬宏，達觀進取，眞誠勇敢，匯集成一股號召力，促使菲華文壇氣象蓬勃，後生之輩枝繁葉茂。

詩人平凡，宛是人間「開心果」，縱是戲謔，亦是「搔到癢處」的舒暢痛快，有他的地方，就有歡笑，世間上快樂是無價之寶，他給予他身邊的人太多，太多了！

他生命的意義，因文字之緣，而呈現爲最燦爛的回憶和紀念；他的詩，不囿於傳統，求新求變，獨樹風格，他的文，詼諧犀利，風趣超俗。平凡的詩文如其人，展現一股超然的大風度，總是冷眼觀透人所未見，人所未察。

「死」的悲哀，乃是心願未了的無奈，祈求我信仰的神，讓我了卻此生心志，若我們能爲平凡留下什麼？那是因爲，所有愛他的人，對他大愛的回應。

予人快樂的人

劉純眞

最後一次見平凡的面，是今年八月四日，在中華基督教堂的聖餐禮拜中，他和仁玉坐在我前面幾排，可是我怎看都看不出那是他，可那背影又是那麼熟悉，還有仁玉依偎在他身旁，但他厚厚的頭髮，怎會削成薄薄短短的？禮拜後，我在聖樂祝福聲中，趨前看果然是他們，我們熱烈握手，因有太多姐妹弟兄來打招呼，所以問候幾句就分開。散會後我和女兒在教堂外等大哥的車子來接我們，看到他們夫婦從對面走過，不知怎地，我直覺地感到他走起路來，沒有以前的活力充沛，看著他的背影，我有一種快怖的感覺。

原來那時他已發病，經過化療脫髮，才把頭髮剪短。由於他不願麻煩親友，也不要親友爲他擔心煩憂，加上他自信能戰勝病魔，想待病全癒了，再相告親友，好讓親友爲他高興。那知造化弄人，病魔還是不肯放過他，更是把他帶走了。

爲什麼好人都不長命，是否上天疼惜他們捨不得他們在世間多受苦，早早地把他們宣召，好讓他們永享天國之樂。不然爲什麼世間好多惡人，做盡惡事，仍逍遙法外，禍害千年。

認識平凡，是八十年代菲華文藝復興時，那時平凡是千島詩社社長，先夫也是會員之一，每次聚會，我都做「跟得夫人」，看他們豪情萬丈，飲酒論詩，是一大樂趣。有時會後同赴卡ＯＫ，聽平凡渾厚嘹亮的「中華民國頌」；仁玉圓潤柔美的「三年」，更是無上的享受。

我常想，菲華文藝界，不乏筆名，取得這麼好的卻不多。平凡的筆名愈使人感到其不平凡。而「幽蘭」這個筆名，配上嬌小嫺靜又充滿才藝的仁玉，再恰當不過。每次見到仁玉，都會感受到她身上那種幽美芬郁的氣質，令人喜歡與她親近。

誠如平凡小女兒那天在殯儀館中致詞時所說的：「我爸爸常帶快樂給人。」是的，任何場合，只要有平凡在，就一定有歡笑。再怎麼沈悶的研討會中，只要他一上台，笑咪咪只剩一條線的眼睛，俯向台下一看，笑聲更是此起彼落，整個會場被他幽默逗人的語氣，帶動得輕鬆起來。

難忘的是：千島文友ＰＵＮＴＡ　ＢＡＬＵＡＲＴＥ之旅，平凡充任司儀，從出發到回程，他帶著大家度過快樂又有趣的一天。那年的二月十四日，是情人節又是千島週年紀念舉行的「千島之夜」，至今還令人留下如詩如畫，縷縷情思，溫馨的回憶，還有千島文藝營的活動，也是由他策劃，辦得有聲有色，收得豐碩成果。

那一天錦華在電話中哭著告訴我：「平凡走了！」一句話猶如一顆子彈，炸得我渾身無力，心情混亂，不知該說什麼好。我眞不敢相信，一個處處帶快樂給人的人，一個流滿活力的精壯漢子，怎麼說走就走？人生無常，此又一例證。

在殯儀館裡，看到躺在棺木中的平凡，不復生龍活虎，眼睛笑成一條線的模樣，不禁與錦華抱在一起痛哭。再回顧仁玉，本就嬌小的她，更形消瘦，而且面容憔悴，不忍之情，充塞心底，握著她的手，卻說不出一句安慰的話。

想到先先生病時，多少親友，多少文友，細心關懷，多方安慰，給與我多大的力量。而平凡的病，除了至親之外，我們竟無一人知道，無一人能給他慰藉，她小小一個弱女子，要承受這麼大的壓力，這麼大的苦痛，情何以堪。

值得安慰的是平凡的大女兒醫科已畢業，現正專科實習中，不久將懸壺濟世，也當如平凡一樣把快樂帶給人；其大公子也已成人，聽說在平凡病中，大部分的店務都落在他一人的肩上，不久當能獨當一面；小女兒也已學成，堪以告慰平凡在天之靈。

平凡走了，但他生前帶給人們的快樂，將永留在大家心中。

平凡的不平凡

瓊安

那天傍晚，天色昏暗，風嚎雨泣。我著一襲暗藍色衣衫，心情比衣服的顏色還暗澹，迎著風雨，隨同行的文友們，靜靜地踏入那個點著白燭的房間，默默穿過兩排木製長椅間的走道，步向擺在盡頭的白棺木，去見平凡的最後一面。

站在棺木前，凝視躺在裡面的平凡，心裡禁不住想喊：

「不是！這不是平凡！平凡是活潑風趣的人，怎麼可能這麼平靜無聲地躺在這裡，不理來看他的朋友？他那健壯的身軀，又怎麼可能塞進這短短窄窄的盒子裡？這不是他！」

我不能相信，也不願相信，平凡之離開這個世界，拋下他的親人、捨棄他的朋友，再也不回來了！

請要等，等下一次的辛墾理事開會。

我們的永遠名譽社長會像往日每一次會時一樣，讓先到的各位理事，邊吃邊談等著遲到的他出現，他一到場氣氛就熱鬧起來。

負責財政的我，見他一到馬上緊迫釘人，計算他遲到的時間，要他繳罰款。我知道他生意忙，應酬忙，每次遲到都是情有可原的，可是我故意不理會他的陳情，非逼他掏腰包繳錢了事。我愛辛墾，藉這辦法爲財力薄弱的辛墾，尋找經濟資源。

其實辛墾是他親手創立的，他對辛墾的愛又豈是我這後進能與之相提並論的。在我的帳簿上他的遲到罰款最多，但捐款更不少。他在百忙中抽空帶著仁玉趕來參加理事會。就是對大家的一種支持和鼓勵，我還窮追猛逼地討罰款，實在是太過份。下次開會，他如果又遲到，我決定不再罰他，還要特別通融，讓平凡多喝幾瓶啤酒。

不對！不能再讓他喝酒了！

每次開會，他一坐下，就是喚服務生點啤酒。爲了節省財務開支，我會限制他點啤酒的數量，有時甚至要他自己付啤酒費，因爲啤酒比汽水貴嘛！可是想到詩人對酒的情有獨鍾，又不忍心過於限制，只好由他一瓶接著一瓶，盡興的喝。現在想起，悔之莫及，不由得氣自己當時過於寬容。如果每次開會，都能橫起心來不准他點啤酒，只准喝汽水。可能對他的健康多少有些許助益吧！

開會時，文友們多用閩南語發言，我是經常用心聽卻沒聽懂，平凡爲了我不得不捲起舌頭說國語。

他的國語和他的文學作品，都有別人學不來的獨特風味。詩的語句簡潔，卻含意深遠，散文的主題鮮明，見解獨到。讀他的文章，詩句，常會引人走向另一種未曾探索過的思維，而不覺驚奇讚嘆！

平凡，其實不凡！

他的國語更不同凡響，有誰聽過ㄔ、ㄕ不分的人說國語，能夠表達得簡單、明瞭卻又充滿幽默感，想想也只有平凡一人。

記得我開始用中文電腦寫作時，總拿不準列印時的字形尺寸，稿件有時字大，有時字小，當時文藝圈裡幾乎沒有人用電腦寫作，不知該向誰請教？有一天，突然看到平凡的文稿，也是電腦列印的，喜出望外地趕忙趨前討教，他又捲起舌頭爲我詳細解說。到現在我的電腦字體列印格式，仍是平凡傳授給我的Ｗ２Ｚ２ＶＸ３Ｌ３。他說用電腦寫作，除了修改方便並可省去抄寫謄稿的麻煩外，最大的好處是可以學習標準國語發音。我傾耳聽他發言，果然不是每個字都捲舌，ㄓㄔㄕ和ㄗㄘㄙ已經難不倒他了。

就這樣，我發現他不僅僅是個具備溫、良、恭、儉、讓的中國文人，還是個跟得上潮流，求進步、知進取的現代詩人。

這樣的人，怎麼捨得他離我們而去？尤其現在文壇清冷，我們需要他這樣輕鬆、幽默、談笑風生的人來帶動氣氛，感染我們。

我相信他會再來辛墾理事會的。因爲我們少不了他，即使我們等不到他像以往生龍活虎的出現，他的精神會與我們永遠同在。

惜平凡

莊良有

一個傍晚，我正在閱報，錦華忽來電話，一聲「清澤走了！」即抽噎不輟，我愕然的追問著：「什麼？」月曲了把電話筒接過去，以低啞的聲調爲我陳述清澤今年來隱瞞著好友們與病魔搏鬥的情況，聽得我的心一直往下沉，報紙也從我乏力的手裡滑落到地上……

認識平凡是一九八五年在籌備第二屆亞洲華文作家會議的時候，因著彼此都被列入籌委會，所以有幾次的聚會。猶記在凱悅酒店咖啡廳的一個小組會議上，事情已討論得差不多，我朝侍役使了眼色要結賬，詎料平凡竟搶先一步，早把賬單全付清楚。他那快捷，俐落的舉止給我留下極佳的印象。事隔十來年，我尙牢牢記住平凡MACHO之風。

平素與平凡交往不多，但我一直看準他是一個很正派，很有性格、很可以做朋友的文人。即令遠遠的，誰亦認得他那瀟洒出眾的形象。單只是其不落俗的衣著即已顯示出他不凡的氣質。可貴的是不僅其「包裝」爲人稱道，其內涵亦然。從他的文章裡不難看出他文學深厚的底子，我以前還以爲他的中文基礎是在國內紮根的。新詩我似懂非懂，但平凡的散文我篇篇細讀過，文采斐然，風情別具、所寫盡是些異乎尋常的題材，才氣十足也！

去年文藝界有人鄙夷新詩，在怒濤澎湃下，千島詩社大軍奮筆辯護，你一篇，我一篇，各有見地，各有操守……遂而展開一場無休無止的筆戰。

那是在一個悶熱的下午，意外的接到平凡的電話，他俏皮戲謔的說他是「查理王子」，（他英文名字叫查理）。由於耳朵遲鈍，我一時認不出他的聲音，不聲響了幾秒鐘，彆扭極了。待他說出眞姓名時，我笑得閤不攏嘴，故意搭腔：「那我是黛安娜公主！」他在電話那端像大孩子似的嘻嘻哈哈的笑得不亦樂乎。很自然的流露出他充沛的活力。笑鬧了一陣子以後，他言歸正題，一本正經的要請我喝咖啡，意在敦促我加入正在沸騰的筆戰。有關亞細安事件，平凡曾在文章裡爲我申辯，這份道義，至死難忘；但我對該事件早已了然於胸。該做的事挺身去做，正直者自會評出公理，大不必爲之糾纏得沒完沒了。人生苦短，值得忙的事多的是。我倒想藉機勸勸平凡收筆，所以很樂意接受他的咖啡約，答應兩天內回他的電話，我是想先問謝馨何時有空。謝馨是我摯友，我的死黨，上那兒我們都是如影隨形的。結果約不著，因爲她正忙著要去美國。

約好在馬加智香格里拉酒店的大廳堂見面。當天下午那個地方照樣是人滿滿的。登門進去時，月曲了已在那兒等著，不一會兒，平凡笑瞇瞇的帶著陳默迎面而至。大家圍坐低矮的玻璃圓桌，在咖啡氤氳香氣下有說有笑，聊得淘淘然。我至誠的力勸平凡這場筆戰就此停筆。眼光視線不一，是爭辯不出什麼名堂的，同一個目標，我們說白，人家說黑，那是人家的權利。我們一抒己見，亦就夠了，是白是黑，有目共睹。平凡到底壯年氣盛，鬥志激昂，大有一不做，二不休的決心。我的話他雖然無動於衷，但亦還堆上一臉笑容，柔中帶剛的堅持著他的立場，他那剛毅不屈的精神叫我想起跑江湖的英雄豪俠。

天已黑，月曲了有事先告辭，我則邀請平凡與陳默，兩位古道熱腸的俠士，移步到對面「南海漁村」吃一頓「慰勞」飯。大概是我拙於點菜，桌子上所擺菜餚不適合平凡的口胃，當晚他只管喝他心愛的啤酒，不大動用他的筷子，吃得很少。我看在眼裡，頗感不安，歉意盎然。

鳴英，瓊安和我去殯儀館憑弔時，枯瘦憔悴的仁玉抱著鳴英號啕痛哭，我的鼻子一酸，兩圈淚水隨洶湧上來。月曲了挪過來爲我們訴說平凡臨走前的病況，我心裡更是一陣陣的難過。鬱鬱的坐在靈堂前，我盯視著平凡木無表情的遺像，即譴責又憐惜的向他嘀咕：

「平凡，你生命裡的朝氣，靈氣，骨氣……都是大家所喝采的，炯炯的火炬怎麼忽然間熄滅了呢？你喜歡如此風般的自由來去，偶而在漫長的喜宴上，你會一溜眼，幻術似的消失得無影無蹤，可你這次的不告而別卻是消失在不歸路上，我們何等不甘心啊……其實你事業有成，與仁玉感情彌篤，兒女們循規蹈矩，人生夫復何求？你寄情詩文，且以一顆灼熱的心創立辛墾，領導千島，一個人能在這世間上留下些許鴻爪，已不虛此生。平凡，你安祥的去吧！」